ハンディシリーズ
発達障害支援・
特別支援教育ナビ
柘植雅義◎監修

梅永雄二 編著

発達障害の ある人の 就労支援

- 梅永雄二
- 三森睦子
- 村山光子
- 鈴木ひみこ
- 藤堂栄子
- 長嶋龍平
- 井口修一
- 市村たづ子
- 桶谷文哲
- 塚田吉登
- 石井京子
- 志賀利一

金子書房

「発達障害支援・特別支援教育ナビ」の刊行にあたって

　2001年は，新たな世紀の始まりであると同時に，1月に文部科学省の調査研究協力者会議が「21世紀の特殊教育の在り方について～一人一人のニーズに応じた特別支援の在り方について～」という最終報告書を取りまとめ，従来の特殊教育から新たな特別支援教育に向けた転換の始まりの年でもありました。特に画期的だったのは，学習障害（LD），注意欠如多動性障害（ADHD），高機能自閉症等，知的障害のない発達障害に関する教育の必要性が明記されたことです。20世紀の終わり頃，欧米などの他国と比べて，これらの障害への対応は残念ながら日本は遅れ，国レベルでの対応を強く求める声が多くありました。

　しかし，その2001年以降，取り組みがいざ始まると，発達障害をめぐる教育実践，教育行政，学術研究，さらにはその周辺で深くかかわる福祉，医療，労働等の各実践，行政，研究は，今日まで上手い具合に進みました。スピード感もあり，時に，従来からの他の障害種から，羨望の眼差しで見られるようなこともあったと思われます。

　そして14年が過ぎた現在，発達障害の理解は進み，制度も整い，豊かな実践も取り組まれ，学術研究も蓄積されてきました。以前と比べれば隔世の感があります。さらに，2016年4月には，障害者差別解消法が施行されます。

　そこで，このような時点に，発達障害を巡る種々の分野の成長の全容を，いくつかのテーマにまとめてシリーズとして分冊で公表していくことは非常に重要です。そして，発達障害を理解し，支援をしていく際に，重要度の高いものを選び，その分野において第一線で活躍されている方々に執筆していただきます。各テーマを全体的に概観すると共に，そのテーマをある程度深く掘り下げてみるという2軸での章構成を目指しました。シリーズが完成した暁には，我が国における発達障害にかかわる教育を中心とした現時点での到達点を集めた集大成ということになると考えています。

　最後になりましたが，このような画期的なアイデアを提案して下さった金子書房の先見性に深く感謝するとともに，本シリーズが，我が国における発達障害への理解と支援の一層の深まりに貢献してくれることを願っています。

2014年9月

シリーズ監修　柘植雅義

Contents

第1章 発達障害のある人の就労支援の現状と課題
.... 梅永雄二　2

第2章 職業リハビリテーションの立場から考える就労支援
——地域障害者職業センターにおける取組
.... 井口修一　12

第3章 教育現場の立場から考える就労支援
——アセスメント・IEP・実習をどう活かすか
.... 三森睦子　21

第4章 発達障害者の職業的自立を考える
——事例から見える課題と必要な支援
.... 市村たづ子　28

第5章 大学における発達障害者のキャリア支援
.... 36

1 STARTプログラムによる明星大学の発達障害学生就労支援
.... 村山光子　36

2 大学から社会へ——発達障害のある大学生への社会参入支援
.... 桶谷文哲　43

3 社会福祉法人すいせいとの連携による
関西学院大学の発達障害学生就労支援
.... 鈴木ひみこ・塚田吉登　52

第6章	ディスレクシアへの就労支援
	──自分らしく継続して働くために
	……………………………………………………… 藤堂栄子　61

第7章	高機能群の発達障害者の就労支援の課題
	……………………………………………………… 石井京子　69

第8章	民間企業の立場から考える発達障害の人の
	就労支援
	……………………………………………………… 長嶋龍平　78

第9章	障害福祉サービスにおける就労支援の制度と実際
	……………………………………………………… 志賀利一　86

第1章

発達障害のある人の就労支援の現状と課題

梅永雄二

1 はじめに

　2005年4月に施行された発達障害者支援法以降，発達障害のある人の就労は増加している。このことはとりわけ2012年8月に障害者基本法が改正され，発達障害が精神障害に含まれるようになってから，ハローワークに登録されている精神障害のある人の就職率が急激に増加していることからもわかる。
　また，労働行政では，「発達障害者雇用開発助成金制度」や「若年コミュニケーション能力要支援者就職プログラム」，「発達障害者に特化した職業能力開発」「発達障害者の就労支援者育成事業」など発達障害のある人に特化した様々な就労支援制度が実施されてきている。
　このように発達障害のある人に対する就労支援制度が整備されてきているものの，依然として発達障害のある人の就労および職場定着に関して様々な問題が現存している。

2 発達障害のある人の就労上の課題

　発達障害のある人の就労上の課題は，大きく2点に絞られる。一つは本人の特性やニーズに合った適切なジョブマッチングがなされていないこと。もう一つは職場での同僚や上司が発達障害の特性をまだ十分に理解しきれていないということである。
　とりわけ，アスペルガー症候群のような自閉スペクトラム症（以下ASD）のある人は，コミュニケーション，対人関係に困難を抱えているため，職場の同僚・上司から誤解されることも多く，障害特性の理解を得ることが難しい。

よって，彼らの就労および職場定着を図るためには，就労支援者の役割が大きく影響する。障害者の就労支援はここ10年で大きく変化を示し，先に述べたように発達障害のある人の就労支援においても様々な支援制度が制定されている。

　ただ，今までの就労支援者の対象障害者の中心は知的障害であった。知的障害のある人の就労支援には，彼らが遂行可能な職種，職務を選定し，実際に行う作業では，作業内容を理解しやすいように視覚化するなどの直接的な作業指導が功を奏している（梅永，2009；梅永，2010）。しかしながら，発達障害のある人の中には知的水準に応じてより高次の職務に就く（あるいはすでに就いている）者も多い。高機能ASD当事者でコロラド州立大学教授でもあるテンプル・グランディン氏は，高機能ASDの人たちの職種として，芸術家，コンピューター・プログラマー，翻訳者，研究者，グラフィックアートのデザイナーなど人との接触が少なく，一人で行う専門的な職務が適していると述べている（Grandin, 2004）。そのため，従来の知的障害のある人に対する就労支援のように作業指導中心の支援とは異なる支援が必要とされる。

　一般に，就労および職場定着に必要な能力はハードスキルとソフトスキルに二分されている。ハードスキルとは従事する職務への遂行能力のことであり，機械操作やタイピング，コンピューター・プログラミング，外国語の習得など仕事そのものの能力のことをいう。一方，ソフトスキルとは日常生活能力や対人関係など就労生活に間接的に関わる能力のことをいう。具体的には，表1-1（次頁）に示すようなものがソフトスキルと考えられる。

　過去40年間ASDのある人たちの就労支援を行ってきた米国ノースカロライナ州TEACCHプログラムの援助つき就労（Supported Employment）部門は，ASDのある人たちの離職理由の8割以上がハードスキルではなく，ソフトスキルの問題だったと報告している。

　また，我が国において一度就職したものの定着できずに離職した発達障害のある人たちは，その理由について表1-2（a）（次々頁）のように述べている。

　表1-2（a）からも適切なジョブマッチングがなされていなかったことと企業の発達障害のある人に対する理解不足がうかがえる。

　さらに，表1-2（b）（6ページ）は，表1-2（a）を並べ替えたものであるが，

表1-1　就労に関連するソフトスキルとは

1. 身だしなみ
   (1) 職場にマッチした適切な服装をする（季節感も意識する）
   (2) 従事する職種に合った適切な長さの髪の毛，髪の毛の色にする
   (3) 男性の場合は髭をそっている
   (4) 毎日入浴している（体臭予防のため）
   (5) 歯を磨いている（口臭予防のため）
   (6) 爪を切っている
2. 時間の管理
   (1) 遅刻をせずに出勤する
   (2) 昼休みに時間を守り仕事開始時間前に持ち場につく
3. 余暇の使い方
   (1) お昼休みに適切な余暇を取る（新聞や雑誌を読む，音楽を聴く，短時間のゲームなどの趣味，コーヒーを飲む，仮眠する，同僚と会話をする，体操や散歩などの運動をする，など）
   (2) 一日の仕事が終わったあとの余暇を楽しむ（自宅でテレビやDVD・ビデオを見る，本を読む，ゲームをする，音楽を聴く，自宅外でスポーツクラブに行く，習いものをする，友人と会う，カラオケに行く，一緒に食事をする，お酒を飲みに行く，など）
   (3) 一週間のうち，週末の余暇を楽しむ（自宅でテレビやDVDを見る，ゲームをする，音楽を聴く。自宅外でスポーツクラブに行く，習いものをする，友人と会う，カラオケに行く，映画やコンサートに行く，スポーツをする，一緒に食事をする，お酒を飲みに行く，など）
   (4) 一か月およびそれ以上の期間における余暇を楽しむ（旅行に行く，など）
4. 日常的な家事労働を行う
   (1) 買い物（食品および日常生活に必要な買い物をする）
   (2) 炊事（調理をする，食器を洗う，片づける）
   (3) 洗濯（洗濯機を使う，洗濯物を干す，洗濯物を取り入れ片づける）
   (4) 掃除をする・部屋の片づけを行う（掃除機をかける，テーブルや窓などを拭く）
5. 対人関係（チームワーク）・コミュニケーション
   (1) 職場に来た時に「おはようございます」，職場から帰宅する際に「失礼します」の挨拶を行う
   (2) 職場内で上司・同僚とすれ違った際にお辞儀をする，あるいは「お疲れ様」などの挨拶をする
   (3) 職場で一緒に働く同僚・上司に不快感を与えないような言葉遣いを行う（敬語なども含む）
   (4) 行わなければならない仕事を確認する
   (5) ミスをしたら素直に謝る
   (6) わからないことは質問する
   (7) お礼を言う
   (8) トイレなどに行かなければならない場合は許可を得る
   (9) やむをえず遅刻や欠勤をする場合には連絡を入れる
   (10) 職場のマナーやルールに従う
6. 金銭管理
   (1) 無駄遣いをしない
   (2) 貯金をする
   (3) 高額なものは計画的に購入する
7. その他
   忍耐性，柔軟性，意欲，など

表1-2（a）　発達障害のある人の離職理由（梅永,2004）

- 仕事がつまらなかった
- 人間関係で問題を抱えた
- 雇用主に自分の障害を理解してもらえなかった
- 普通の人の感覚を身につけさせようとされ精神的なダメージを受けた
- 「障害など関係ない，努力してなおせ」と言われ重圧になった
- 会社でいじめを受けた
- 会社の業務，人間関係ができなかった
- 仕事をするのが遅いので向かなかった
- 自分に合わない仕事だった
- 仕事の技術面で追いつかなかった
- 人より時間がかかった
- 簡単な作業ができなかった
- 期待に応えようと頑張ったが疲れた
- 人間関係のややこしさ，指示の多さにパニックを引き起こした
- 自分の能力では手に負えなかった
- 自分のペースで働けなかった
- リストラにあった
- ストレスと体力的に続かなかった
- 仕事のレベルアップができなかった
- いじめにあったり，無視されたりした

　表1-2（b）の中の項目1〜6は「簡単な作業ができなかった」「自分の能力では手に負えなかった」「仕事の技術面で追いつかなかった」など仕事そのものができなかったこと（ハードスキルの問題）が離職理由となっている。これに対し，項目7〜11は，「自分に合わない仕事だった」「自分のペースで働けなかった」「仕事がつまらなかった」など，仕事に対するモチベーション不足が表わされている。これらは適切なジョブマッチングがなされていなかったことが離職要因と考えられる。そして，項目12〜18は「人間関係で問題を抱えた」「雇用主に自分の障害を理解してもらえなかった」「普通の人の感覚を身につけさせようとされ精神的なダメージを受けた」「『障害など関係ない，努力してなおせ』と言われ重圧になった」「会社でいじめを受けた」「人間関係のややこしさにパニックを引き起こした」など対人関係がうまくいかず離職に至っている。これらのミスジョブマッチングによる就労意欲不足や対人関係などは仕事そのものでは

表1-2(b) 離職要因におけるハードスキルとソフトスキル(梅永, 2004を改編)

1. 簡単な作業ができなかった 2. 自分の能力では手に負えなかった 3. 仕事の技術面で追いつかなかった 4. 仕事をするのが遅いので向かなかった 5. 人より時間がかかった 6. 仕事のレベルアップができなかった	ハードスキル
(不適切なジョブマッチング) 7. 自分に合わない仕事だった 8. 自分のペースで働けなかった 9. 仕事がつまらなかった 10. ストレスと体力的に続かなかった 11. 期待に応えようと頑張ったが疲れた (対人関係困難) 12. 人間関係で問題を抱えた 13. 雇用主に自分の障害を理解してもらえなかった 14. 普通の人の感覚を身につけさせようとされ精神的なダメージを受けた 15. 「障害など関係ない，努力してなおせ」と言われ重圧になった 16. 会社でいじめを受けた 17. 人間関係のややこしさにパニックを引き起こした 18. いじめにあったり，無視されたりした	ソフトスキル

ない「ソフトスキル」の問題である。

表1-2(b)から示されるように，成人になって(働く可能性のある)職場で求められるスキルは発達障害のある人が苦手としているソフトスキルが数多く含まれている。

よって，発達障害のある人の就労支援者は，このようなソフトスキルの側面の支援を避けて通ることはできない。

3 発達障害のある人の具体的な支援

ソフトスキルの問題を解決するためには，成人になって就職する段階で対応するばかりではなく，小さい時からの学校教育でそのような指導・支援がなさ

れておくことが望まれる。そして，実際の就職にあたっては，発達障害のある人を変えようとするのではなく，企業側の発達障害理解・啓発も重要な要素となる。

（1）職業的自立を考えた学校教育の重要性

①教育目標の再検討

　発達障害のある人の就労には，小さい時からの家庭での子育てや学校教育が影響している（梅永，2004，2007，2012）。とりわけ学校教育によって発達障害のある子が自尊感情を失うと，成人期になって職業的自立などの社会参加をしなければならない段階に，就労意欲や仕事に対する関心などに多大な影響を受けることが考えられる（梅永，2012）。一方で，発達障害の特性に応じた学校教育がなされることで，社会参加に対してそれなりの準備ができることが多い（村上，2012）。しかし現状では，特別支援教育が始まったとはいえ，学校ではまだ集団生活が中心で，集団参加が苦手なASDのある子などは苦痛を感じることも少なくない。さらには，ASDのある子にとって困難で理解しがたい「人の気持ちをくんで行動しましょう」「集団行動に参加しましょう」「きちんと挨拶をしましょう」「思ったことを自分の言葉で適切に表現しましょう」「誰とでも仲良くしましょう」「思いやりを持ちましょう」といった目標設定をしている学校や学級もある。

　これらの目標は発達障害，とりわけASDのある子には必ずしも容易に達成できる目標とはなっていない。ASDのある子の場合は，コミュニケーションや社会性（対人関係）がうまくできないから，ASDの診断がなされるわけである。

　また，「集団に参加する，対人行動を高める」などは，一見正しそうに見えても，ASDのある子の障害特性を把握した目標設定となっていない。

　よって，発達障害のある子に対しては，障害の特性に合わせて，大人になった後の現実社会で必要となるライフスキル（Life Skills）の獲得を具体的目標とすべきである。みんなと仲良く遊ぶということより，一人で過ごす力（余暇など）を身につけたり，ATMや電子マネーの利用の仕方，スマートフォンやパソコン，タブレットなどの使い方を学習したりすることの方が，彼らが今後大人として生きていくうえで有効なアイテムとなるかもしれない。

就労に限らず，発達障害のある人への支援では，彼らの得意なところ，好きなところを発見することが大切である。能力にばらつきのある発達障害のある人に対しては，すべてできなくてもいいわけである。ただ，彼らが暮らしやすい，生きやすい環境作りが必要なのである。

②在学中の職業体験（インターンシップ），職場実習の充実
　発達障害のある人が成人期に適切な仕事に就くためには，成人の段階からではなく，学校教育の段階から将来の自立を考えた教育が必要である。また就職では企業における職務とのジョブマッチングが大きなポイントとなるため，学校教育としては双方を両立させ，小さい時から様々な企業において職場体験を行うことが重要である。そうすることで仕事に対する興味もわいてくる。さらに，仕事をしていく上でのハードスキルやソフトスキルの課題が明確になり，その課題を修正すべく学校で教育目標を設定することができる。その結果，将来適切なジョブマッチングにつなげていくことができる。
　現在中学校の段階で職場体験学習，高校や大学で職場研修学習（インターンシップ）のような実際の仕事を経験することがあるが，発達障害のある児童生徒にとっては，実際の現場で直面する課題が明確になるから，この職業体験は極めて有益である。

（2）企業に対する発達障害のある人の理解・啓発

①就労支援機関の利用
　就労支援機関には，ハローワークや地域障害者職業センターだけではなく，障害者雇用支援センター，就業・生活支援センター，発達障害者支援センター，就労支援センターなど様々な機関がある。よって，発達障害のある人と企業とをつなぐ就労支援機関の利用は，今後の就労に有効な手段となろう。そこでの専門家は企業に出向き，発達障害の特性，職場での合理的配慮の内容などを説明し，何か課題があった際の相談等を含め，発達障害のある人の就労支援におけるコンサルテーションを行うことによって，発達障害のある人と企業双方の負担を軽減することができる。

②企業の人事担当者の研修

　毎年9月に障害者雇用促進月間として，企業に対して障害者の雇用促進に関して様々な試みがなされている。その際に，ハローワークや地域障害者職業センターなどで障害者雇用未達成の企業に対する雇用促進活動が行われている。その場合，人事担当者に発達障害の理解・啓発のための研修を開き，できるならば実習を受け入れるシステムを構築することが望まれる。

③職場実習の導入

　発達障害のある人を対象とした就労支援制度の一つに「発達障害者の就労支援者育成事業」というものがある。この事業には，発達障害のある人に対する就労支援の知識の付与を行う「就労支援関係者講習」のほか，体験交流会において在職中の発達障害のある人（就労支援担当者を含む）が求職中の発達障害のある人にアドバイスを行う「体験交流会」と「体験型啓発周知事業」の3事業が存在する。この中の「体験型啓発周知事業」とは，実際に事業所において行われる短期の職場実習のことであり，これは発達障害のある人の職場体験といった意味だけではなく，発達障害のある人の雇用経験がない事業主に対して，理解・啓発・雇用促進を目的として行われるものである。期間はわずか10日間程度の実習であるが，企業に発達障害のある人の特性を理解させるためには非常に有効な事業の一つである。

4 おわりに

　発達障害のある人の就労の問題が，仕事そのものの能力であるハードスキルよりは，日常生活や余暇などのソフトスキルの問題にはるかに依存しているということは，ソフトスキルのベースとなっている日常生活で必要とされるスキル，いわゆるライフスキルの支援が必要なのだと考える。

　知的障害のある人の就労については，単独での職探しや適切なジョブマッチング，職業能力の把握などが困難であるため，障害者職業カウンセラーやジョブコーチなどの支援を受けることによって，職業自立を果たしている人たちが数多く存在する。

しかしながら，発達障害のある人の場合，ソフトスキルの問題が主要な離職理由となっているように，仕事そのものよりも職業生活を営む前段階でのライフスキルが十分に獲得できていないことが課題となっている。よって，仕事に就く上での就労支援者と同様に，生活していく上での生活支援者も必要である。そこで，発達障害のある人が，日々の生活の中でどのような課題に直面し，どのような支援が必要かなどのアセスメントを行い，支援プログラムを検討する専門家が必要になる。このような専門家は発達障害に対する知識はもちろんのこと，彼らの居住する地域を十分に理解し対応しなければならない。よって，高度な専門的知識を必要とするライフスキルカウンセラー（仮称）のような専門家が必要となる。さらに，就労支援において，障害者職業カウンセラーの指導のもとに実践的支援を行うジョブコーチがいるように，ライフスキルカウンセラーの指導のもと，生活支援において実際に関わるライフスキルサポーター（仮称）が存在することにより，身だしなみ，睡眠，起床，余暇活動，対人関係などの支援を受けることができるような支援体制が構築されるようになれば，発達障害のある人の社会参加が一層促進されるのではないだろうか。

　発達障害のある人に対する支援はある時期だけ集中的に行えばいいのではなく，ある意味一生涯必要である。

　ライフスキルカウンセラーやライフスキルサポーターといった専門職が存在することにより，就労や成人生活を維持していくうえで必要なソフトスキルの面での支援を受けることができるようになれば，より多くの発達障害のある人たちが，援助つき自立（Supported Independence）を図れるものと考える。

　就労支援の専門家もライフスキルの支援者も，発達障害のある人を変えようとするのではなく，彼らの周りの環境を，彼らに合うよう，生きやすいように構築する，いわゆる「合理的な配慮」行うようなサポートを提供できてこそ真の臨床家と言えるものと考える。

【引用・参考文献】

Granidin,T. (2008). The Way I See it: A personal look at autism & Asperger's. Future Horizons.（中尾ゆかり訳（2010）．自閉症感覚―かくれた能力をひきだす方法―．NHK出版）

Grandin,T. & Duffy, K. (2004). Developing Talents:careers for individuals with Asperger

Syndrome and high-functioning autism. Autism Asperger Publishing Company.（梅永雄二監修・柳沢圭子訳（2008）．アスペルガー症候群・高機能自閉症の人のハローワーク―能力を伸ばし最適な仕事を見つけるための職業ガイダンス―．明石書店）

Müller, E., Shuler, A., Burton, B. A. & Yates,G.B. (2003). Meeting the vocational support needs of individuals with Asperger Syndrome and other autism spectrum disabilities. Journal of Vocational Rehabilitation, 18, 163-175.

村上由美（2012）．アスペルガーの館．講談社．

梅永雄二（2004）．こんなサポートがあれば！―LD，ADHD，アスペルガー症候群，高機能自閉症の人たちの声―．エンパワメント研究所．

梅永雄二（2007）．こんなサポートがあれば！2―LD，ADHD，アスペルガー症候群，高機能自閉症の人たちの声―．エンパワメント研究所．

梅永雄二（2009）．自閉症スペクトラムの人々の具体的就労支援について．精神療法，35（3），344-349.

梅永雄二（2010）．TEACCHプログラムに学ぶ自閉症の人の支援―ノースカロライナでの取り組み―．梅永雄二編著：TEACCHプログラムに学ぶ自閉症の人の社会参加，10-52．学習研究社．

梅永雄二（2012）．こんなサポートがあれば！3（就労実践編）―LD, ADHD, アスペルガー症候群，高機能自閉症の人たちの声―．エンパワメント研究所．

第2章

職業リハビリテーションの立場から考える就労支援
── 地域障害者職業センターにおける取組

井口修一

1 職業センターにおける発達障害者の利用状況

　各都道府県に設置されている地域障害者職業センター（東京都に設置されているのは東京障害者職業センター）（以下，職業センター）では，障害者雇用促進法に基づき，障害者（障害者手帳を所持していなくても利用可）に，障害者職業カウンセラーによる職業相談・職業評価をはじめ，職業準備支援，ジョブコーチによる職場での支援などの職業リハビリテーションサービスを提供している。また，職業センターでは，障害者だけでなく，障害者を雇用する事業主にも支援ニーズに応じてさまざまな相談や援助を提供している。

　2005年の発達障害者支援法の施行により，発達障害者が障害者雇用対策の対象として明確に位置づけられて以降，全国の職業センターにおける発達障害者の利用は，図2-1のとおり年々増加している。

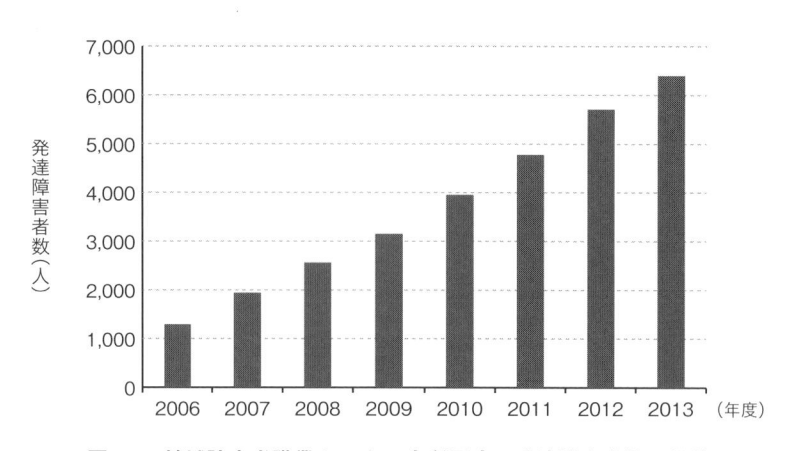

図2-1　地域障害者職業センターを利用する発達障害者数の推移

職業センターでは，このような状況を踏まえて，障害者職業カウンセラーが職業相談・職業評価において個々の障害特性や職業能力にきめ細かく配慮したカウンセリング（職業相談）やアセスメント（職業評価）を行うとともに，障害者職業総合センターで開発した発達障害者向けの職業準備支援（発達障害者就労支援カリキュラム）を導入し，発達障害者に対する支援の充実強化に努めている。

ここでは，職業センターにおける発達障害者に対する就労支援の取組を紹介する。

2 職業センターの利用方法と支援の流れ

（1）利用申し込み

職業センターの利用は，本人や家族から電話で業務説明会または初回相談を申し込むことから始まる。ハローワークや他の支援機関の利用者は，支援機関の担当者から電話で申し込むこともできる。業務説明会や相談は予約制になっているので，あらかじめ電話で申し込む必要がある。

職業センターは，障害者を対象にしているが，障害者手帳や発達障害の診断がなくても相談することができる。

（2）支援の流れ

職業センターの支援の流れは，図2-2（次頁）のとおりである。

3 支援の概要

（1）職業相談・職業評価

職業相談では，利用者からの相談ニーズに応じて就職活動の進め方，障害特性の理解，職業選択，就職する上での課題と対策など多岐にわたる内容の相談を行っている。

職業評価では，適切な支援計画（職業リハビリテーション計画）を策定するために，面談による希望職種や職業経験，日常生活の状況などの情報収集のほか，必要に応じて職業適性検査，作業検査（ワークサンプル法），模擬的就労場面での作業を用いて，職業準備性を含む職業能力全般についてアセスメントを行う。

　このような職業相談や職業評価を通じて，利用者自身の障害特性や職業能力の理解を促し，就職する上での課題や必要な準備と支援について利用者と相談する。その結果は，本人の同意を得て支援計画書（職業リハビリテーション計画）にまとめられる。

（2）職業準備支援

　職業準備支援は，就職する上での課題の改善を図るための支援であり，職業技能以外の職場で必要となる基本的なスキル（対人コミュニケーションスキル，問題解決スキル，ストレス対処スキル，職務遂行のためのスキルなど）の習得を目指すものである（図2-3）。

　職業準備支援には，模擬的就労場面の作業体験や職業準備講習カリキュラム

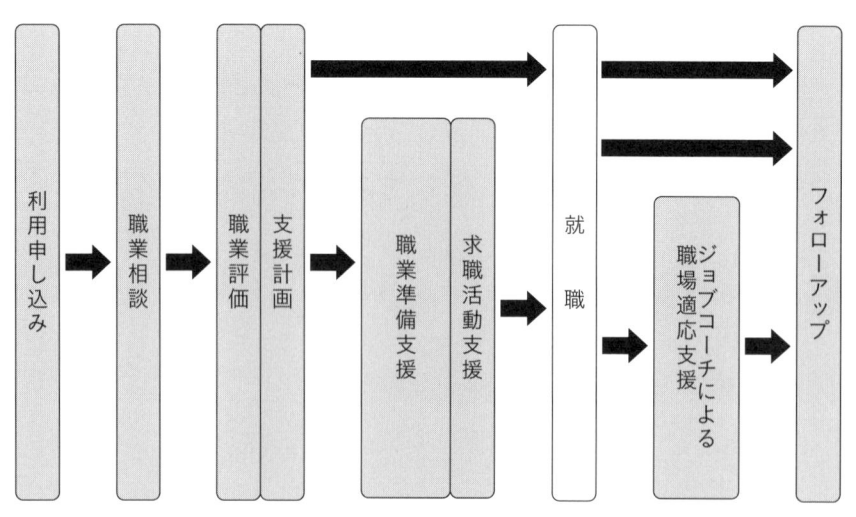

図2-2　職業センターの支援の流れ（矢印は利用者の希望と同意により移行）

利用申し込み → 職業相談 → 職業評価 → 支援計画 → 職業準備支援 → 求職活動支援 → 就職 → ジョブコーチによる職場適応支援 → フォローアップ

のほか，発達障害者向けの就労支援カリキュラム，精神障害者向けの自立支援カリキュラムがあり，利用者の課題や希望に応じて，個別相談のほか，作業支援と3つのカリキュラムの中から必要な内容を組み合わせた個別カリキュラムを設定して支援を実施している。標準的な支援期間は2ヵ月から3ヵ月程度である。

(3) ジョブコーチによる職場適応支援

ジョブコーチ（障害者の職場適応を援助する専門職員）による職場適応支援は，職場にジョブコーチを派遣して障害者が職場に適応するために必要な助言，援助を障害者本人，職場担当者（人事担当者，上司・同僚等）双方に継続的に行うものである。

障害者本人には，それぞれの課題や障害特性に応じて仕事のやり方や点検方法，職場でのコミュニケーションや行動などについて支援を行い，職場担当者には，本人の障害特性に合わせた指導方法や配慮事項のノウハウを支援する。標準的な支援期間は3ヵ月程度であるが，支援終了後も定期的なフォローアッ

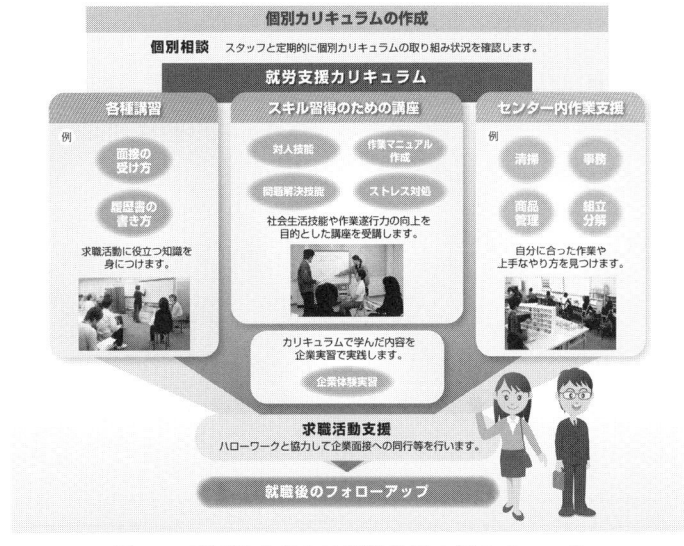

図2-3 発達障害者向け職業準備支援のイメージ

プを行っている。

4 職業準備支援における支援方法

(1) アセスメントの視点

　発達障害は脳機能の障害によるものと考えられていることから，職業に関係する障害特性を理解するためには，認知機能の情報処理過程に着目して，受信（視覚，聴覚それぞれの理解・記憶），処理（判断・思考），送信（運動・行動）の各機能の特性を理解し，その特性が職務遂行や職場行動にどのように影響し，どのような支援や職場での合理的配慮が必要なのかをアセスメントにおいて明らかにすることが必要である。

　仕事とのマッチングに関するアセスメントでは，興味のある仕事や分野の中から本人が持っている知識や技術を最大限活用するという視点はもちろんのこと，能力特性の強みを見つけ，仕事を行う上でその強みをいかに活用するかという視点が重要である。

(2) 個別相談とナビゲーションブックの作成

　個別相談では，作業や各種講座での体験を振り返り，利用者の特性や課題について利用者自身が適切に理解できるように促すとともに，その課題の改善方法や対処方法についてともに考え，必要に応じて助言する。

　このような個別相談を積み重ね，支援終了前には，利用者が自分のセールスポイントや苦手なこと，特徴，職場で配慮をお願いしたいことなどを記載したナビゲーションブックを作成する。作成したものは，企業の就職面接において，自己紹介資料として活用している。

(3) スキル習得講座・作業支援・個別相談との関係

　職業準備支援では，職場で必要なスキルを習得し，そのスキルを作業場面で実際に試行し，その結果を個別相談で客観的に振り返ることを繰り返す。スキル習得講座，作業支援，個別相談の取組を相互に関連づけて進めていくことに

より，障害特性の受容や自己理解を促進し，職場での実践的な対処方法の準備を支援している。

（4）職業準備支援のロジックモデル

　職業準備支援の論理的な構造，つまり職業準備支援を構成する支援内容と支援目標との論理的な因果関係に関する図式（ロジックモデル）を図2-4に示す。
　スキル習得講座は，ASDのいわゆる三つ組の特性（コミュニケーション，社会性，想像力）に対応した内容を設定し，前述のとおり作業支援と個別相談を組み合わせ，相互に関連づけることで，仕事や職場で必要な行動の改善を図り，

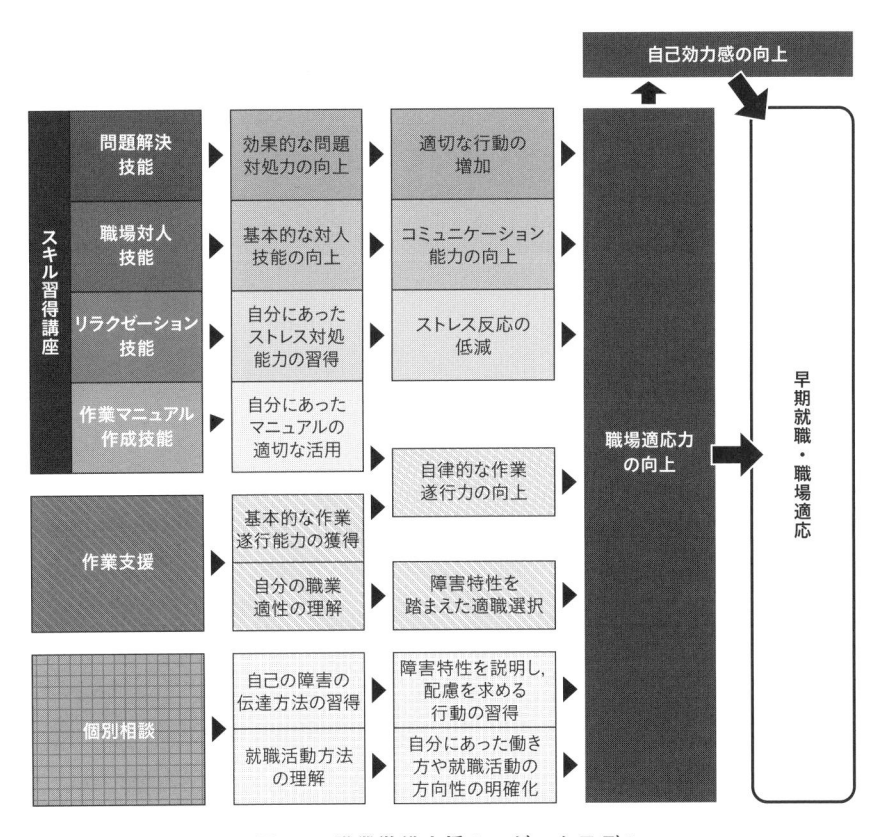

図2-4　職業準備支援のロジックモデル

職場適応力と自己効力感を向上させ，早期就職と職場適応につなげようとするものである。

5 就労支援の現状と課題

（1）利用者が自身の障害特性を適切に理解するための支援

　利用者の多くは，発達障害の診断を受けてから職業センターに利用申し込みを行っているが，診断を受けたからといって自身の障害を十分理解しているとは言い難い。むしろ，診断を受けたけれど障害あるいは障害特性をどのように受け止めてよいのか戸惑っているケースが少なくない。就職して職場に適応していくためには，自身の障害特性や得意なこと，苦手なことを適切に理解し，職場での実践的な対処方法を準備しておくことが望まれる。

　そのため，職業相談・職業評価，職業準備支援を通じて，障害の受容と障害特性の理解を促進し，職場での対処方法を具体的に準備するための支援を行っている。ひとくちに発達障害といっても利用者個々の状況はさまざまであり，詳細なアセスメントに基づいてひとりひとりの状況を的確に把握し，職業に関する強みと弱みの特性理解を支援することが必要である。

（2）就職活動における障害の開示・非開示

　発達障害者が就職活動を行う際，企業，職場に障害を開示するかどうかで迷うことがある。障害を開示すれば就職できないのではないか，偏見をもたれるのではないかとか，開示しなければ職場でうまくやっていけるかなどの不安がつきまとう。このような相談に対しては，障害特性の理解度を確認しながら，障害を開示することによる一般的なメリット，デメリットを提示し，実際の就職事例や障害者雇用制度等を紹介することによって，開示すると就職できないなどの誤解に基づく不安を解きながらともに考え，最後は必ず本人の意思を尊重している。

　職業センターを利用する発達障害者のうち，障害者手帳を取得している者(職業センター利用開始後に取得する者を含む) が増加しており，これにあわせて

障害を開示して就職しようとする者が増加している状況にある（図2-5）。

（3）仕事とのマッチングと職場の人間関係

　職場に適応するためには，仕事とのマッチングと職場の人間関係が重要である。仕事とのマッチングについては，前述のとおり本人の持っている知識・技術と特性の強みを活かし，逆に苦手なことの負担をできるだけ軽減させるための職務創出が必要なことが多い。簡単な仕事を無難にこなすだけでは，仕事のやりがいや自己効力感にはつながりにくいので，自分の能力や特性が活かされていると感じられる仕事を設定することが望ましい。

　職場の人間関係については，人間関係が相互作用である以上，上司・同僚には本人の特性を適切に理解してもらう一方で，本人側も職場のルールやマナーを理解した行動が望まれる。しかし，発達障害者の中には，職場のルールやマナーの知識と行動化（獲得された知識の適切な利用）に課題を有する者が少なくないといわれており，その学習，行動化をいかに支援するかということが課題となっている。

（4）職場における合理的配慮の提供

　利用者が自身の障害特性への理解を深め，仕事とのマッチングや職場の人間関係について支援を受けても，雇用する側である事業主に発達障害に関する理

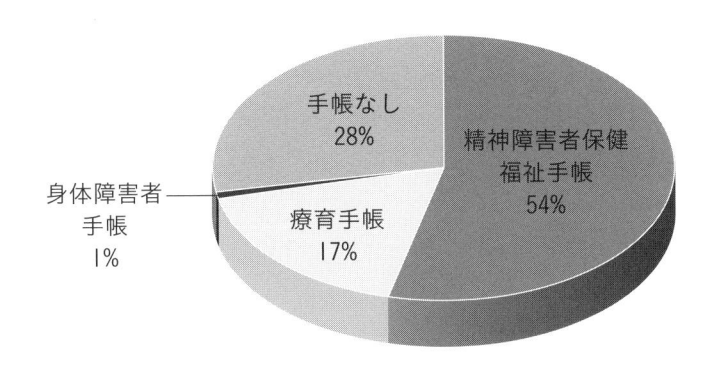

図2-5　職業センター利用発達障害者の障害者手帳取得状況（2013年度）

- 精神障害者保健福祉手帳　54%
- 手帳なし　28%
- 療育手帳　17%
- 身体障害者手帳　1%

解や配慮がなければ職場定着が困難なケースもある。障害を開示して就職するケースでは，職業センターでも障害者職業カウンセラーやジョブコーチが職場の担当者に障害特性をわかりやすく説明し，必要な配慮を可能な範囲で具体的に提案し，職場における合理的配慮が無理なく提供されるように支援している。

　障害者雇用促進法の改正により，2016年4月から事業主に障害者が職場で働くに当たっての支障を改善するための措置（合理的配慮の提供義務）が課せられることになった。職業センターとしては，このような制度改正を契機として，発達障害者への支援の充実はもとより，事業主への支援の充実にも努め，発達障害者の雇用の促進と職業の安定をさらに進展させたいと考えている。

【引用・参考文献】

井口修一・齋藤友美枝（2014）．地域障害者職業センターにおける発達障害者の就労支援について—職業リハビリテーションの立場から—．LD研究, 23(4), 400-406.

高齢・障害者雇用支援機構障害者職業総合センター職業センター（2006）．発達障害者のワークシステム・サポートプログラムとその支援技法．障害者職業総合センター職業センター実践報告書, 17.

望月葉子（2012）．発達障害のある人がよりよい就労を続けるために—障害者職業総合センターにおける発達障害研究の歩み—．障害者職業総合センター資料シリーズリーディングス職業リハビリテーション1.

［補足］
　全国の地域障害者職業センターは，独立行政法人高齢・障害・求職者雇用支援機構ホームページ（http://www.jeed.or.jp/location/chiiki/index.html）から検索することができる。

第3章

教育現場の立場から考える就労支援
――アセスメント・IEP・実習をどう活かすか

三森睦子

1 はじめに

　筆者の所属する星槎教育研究所は，幼児から成人期の若者まで，さまざまな世代にかかわっている。たとえば，小中高のフリースクールや，学習支援，ソーシャルスキルトレーニング（SST）教室，ひきこもりや未就業の若者支援，生活保護世帯の不登校支援，SSTの出前授業，被災地小中学校への派遣などである。これらの活動は多岐にわたっているように見えるが，「生きづらさ」を持つ人たちへのかかわりという共通項でつながっている。

　最近では，その生きづらさや背景の発達障害に対する理解や配慮も増え，早期発見，早期教育を受け，手帳就労するという流れもできてきた。一例として，星槎グループ内における星槎中学高等学校，星槎学園北斗校（旧青葉校を含む）などでは，WISCやGATB，TTAPなどのアセスメント，領域別のIEP（個別教育計画），インターンシップなど，就労に向けた段階的キャリア教育をPDCA（Plan-Do-Check-Action）サイクルで行っている（三森，2014）。

　しかし，一方では発達障害に気づかず，現在ある支援の流れに乗れない人や発達障害の診断のつかない広大な周辺ゾーンの人が存在し，本人の望んでいない雇用形態や社会的ひきこもりなどを余儀なくされている。彼らの能力を活用できないのは，当人だけでなく，日本の社会にとっても大きな損失だと思う。

　本稿では，そういった「気づかれにくい，理解されにくい，誤解されやすい」発達障害またはその周辺の生きづらさを持つ人々に焦点を当てて，通信制高等学校での取り組みから，教育機関における就労前の準備教育についてまとめてみたい。

2 「生きづらさ」の背景にある発達特性

　筆者がかかわってきた就労支援機関利用者や，ひきこもり相談者のインテークシートから，実際に挙がった悩みを抜き出して分類し，一部を列記してみた。そこから彼らの生きづらさが浮かび上がってくる（三森，2014）。

○コミュニケーションの苦手さがある
　就業困難な人の7割がコミュニケーションの苦手さを感じていた。対人不安，緊張，人見知り，友だちができないなどの「対人が苦手なタイプ」のほかに，雑談や気持ちの伝達・あいまいな表現や裏の意味・皮肉などが理解できない，適切な言葉がすぐにでてこない，友人たちの話題についていけない，話がまとまらなくなる，返事がずれるなどの「対話が苦手なタイプ」がある。

○自信がなくネガティブになりやすい
　自信がない，責められている気がする，注意されると心が折れる，自分が悪いと思ってしまう，うまくいく気がしない，自分は生きる価値がないと感じるなど，ネガティブな感情が強い。

○家族関係に問題がある
　理解されない，口うるさい，無視される，暴力を受ける，否定される，きょうだいと比較されるという親の不適切なかかわりのほかに，親の過干渉や過保護，きょうだいの仲が悪いといったこともある。

○本人に特性上の困難さがある
　字を書くことの困難，計算が苦手，手先が不器用，ワーキングメモリの困難，感覚過敏，金銭や時間の管理が苦手，感情のコントロールが苦手などの悩みを持っている。

○二次障害がある
　うつ，パニック障害，睡眠障害，社会不安障害，摂食障害，パーソナリティ障害，気分障害，依存症，いじめのフラッシュバックなどの診断を持っていることがある。

　以上の悩みを語る若者たちのうち，発達障害の診断を受けている人は数少ない。知的に遅れていない場合，自分なりの方策を見つけて対処してきていて，

他の人と比較して違和感はあるものの自分が発達障害であるとは思っていない人が大半である。

3 「生きづらさ」のアセスメント

　こういった気づかれにくい発達障害スペクトラムの人たちとかかわるときには，標準化されたフォーマルなアセスメントに加えて，日常の行動や会話から「どういう生きづらさがあるか」を見ることが大切と考えている。

　周囲から理解されにくい困難は色々あるが，筆者が一番注目しているのは，「シングルフォーカス」，細部を詳細に見て，全体が見えにくいという特性である。

　当事者の方々の言葉を借りて，紹介してみよう。小道モコさんは著書の中で，「木を見て森を見ずという言葉がありますが，私は木も見ていないような気がします。自然と着目するのは葉脈です」と記し，葉脈→葉→葉と茎→葉と茎と幹，細部から全体へ，という独自の見え方を比喩的に書いている（小道, 2013）。また，ニキリンコさんも著書で「見えている範囲が狭いということは，裏を返せば『見のがしている情報が多い』ってこと。特に，『全体像』とか『構図』とか『主目的』とか『全体の雰囲気』とか『文脈』とか『TPO』とか『背景情報』とか『暗黙の了解』とか，そういうのがわかりにくい。つまり，視野が広くないとわからない情報が，見のがされやすい。『木を見て森を見ず』ってやつね」と述べている（ニキ・藤家, 2004）。

　シングルフォーカスという特性により，「興味や関心が一点集中する」「処理速度が遅い」「得意（凸）と苦手（凹）の個人内差が大きくなる」など，さまざまな困難が表れる。現在の学校教育は，「いろんなことに興味を持ち，テキパキと早くこなし，何でもできる子」が適応しやすい。じっくりと深く考え，細密に処理する子は，学校の一斉授業のスピードに合わず，小さいときから，いつも時間内に仕上がらない不全感を抱えやすい。不得意で興味のないことをやり続けねばならず，だんだん勉強嫌いになってしまう。

　また，繊細な特性は，身体症状にも表れる。感覚過敏（光・音・味覚・嗅覚・触覚など）で日常生活が苦痛で困難になることもある。全体的に身体の脆弱性

があり疲れやすく，長時間眠らないと身体がもたない人も少なからずいる。ほかにも「時間や空間の全体的把握が難しい」「同時処理やマルチタスクが困難」などの特性もあり，それらの能力を求められるファミレスやコンビニなどで最初のバイトをして，叱られ傷ついて働くことが怖くなるケースもある。

4 「生きづらさ」をもつ子どもたちの才能をどう発見し，育てるか

　筆者が星槎グループの学校やフリースクールで出会った子どもたちは，さまざまな才能のキラメキを見せてくれる。ある特定分野における専門的な知識や研究（宇宙，鉱石，ロボット，雨，電車，生き物，歴史など），コンピュータでの作曲，ゲーム制作，美しく精緻なイラストなど，好きで没頭していることを列挙すればきりがないほど，プチ科学者・芸術家がたくさんいる。興味のあることには時間を忘れて集中し，専門家のように博学である。こんなに魅力的な子どもたちが，学校教育に合わず不登校になりがちなのは残念でならない。

　昨今，二つの特別支援教育（2E教育）という「才能（凸）を伸ばす支援」と「苦手なところ（凹）をサポートする支援」，凸凹両面への特別支援教育が提唱されているが，全く同感である。現在の学校教育は，凹を努力して克服させることに力を注ぐ傾向が強い。できないことは繰り返し努力するだけではなく「ツールなどで代替する」「サポートしてもらう」スキルを身につけた方がよいだろう。そして自分の才能を開花することに力を入れさせてあげたい。

5 通信制高等学校（星槎国際高等学校）の取り組みから

　「個人内のギフテッド（天賦の才）」は誰にでもあるはずだ。それを発見して伸ばして活かすのが教育する者の大切な役割だろう。職業につなげられるのは理想的だが，そうでなくても，興味あることにチャレンジし，仲間と共感し合い協力し，何かを達成していく過程で，貴重な学習や体験をして成長していく。

　シングルフォーカスなどの特性を持つ生徒たちは，通信制高校のシステムを活用することにより，柔軟なカリキュラムで，興味関心のあることを一気に「トップダウン方式」で体験学習できる。通信制高校はスクーリング時間数が少

なく，学校によっては登校日数も自由に選べるため，余った時間を活用して一人ひとりのオリジナルプログラムが組めるからである。

（1）IEPの役割を果たす「オリジナルな時間割」

星槎国際高等学校では，自分の個性，強みと弱み，短期目標・長期目標を考えながら，一人ひとりが3年間自分だけの学習プログラムを作っている（図3-1）。その過程は，キャリアカウンセリングであり，学習プログラムは個別のIEPになっている。

（2）体験から学ぶプロジェクト型学習

以下のような学習プログラムを用意している。

- 基本となる教科学習（習熟度別）
- SST，LST（ライフスキルトレーニング）
- PBL（Problem-Based Learning／問題発見解決型学習）
- 国際交流授業
- インターンシップ
- 選択ゼミ授業

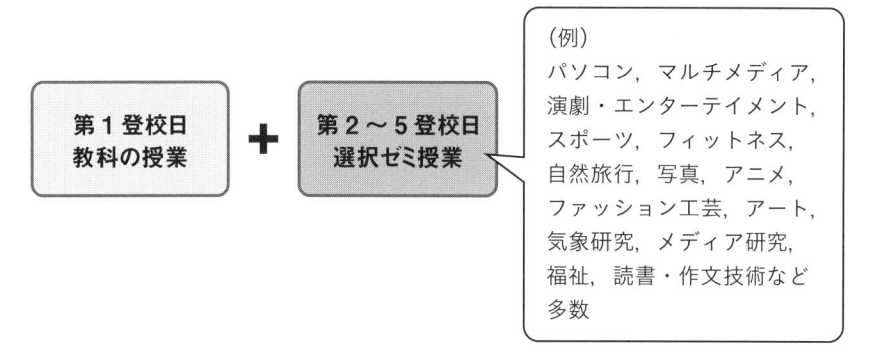

第1登校日 教科の授業 ＋ 第2～5登校日 選択ゼミ授業

（例）
パソコン，マルチメディア，演劇・エンターテイメント，スポーツ，フィットネス，自然旅行，写真，アニメ，ファッション工芸，アート，気象研究，メディア研究，福祉，読書・作文技術など多数

図3-1　学習プログラムの構成

「インターンシップ」では，仕事を体験して適職を考える「体験型」のインターンシップと就職につながる「就活型」のインターンシップがあり，8分野179企業の協力を得て全国で展開している。また，「選択ゼミ授業」は，進学対策，専攻授業，基礎学習，資格対策，アート，スポーツ・レクリエーション，情報IT，福祉，生活自立・SSTの9領域をふまえて，約100種類のゼミ授業があり，自分のキャリアを考えながら自由な選択をしている。
　MI（多重知能）理論を提唱しているガードナーは「知能は単一ではなく複数ある。言語的知能，論理・数学的知能，音楽的知能，空間的知能，身体・運動的知能，人間関係的知能，内省的知能，博物的知能の8つの知能である」と述べている（Gardner, 2003）。本校のゼミ授業はこれに似ていると感じている。

（3）チームで実社会参加活動

　最後に，エンターテイメントゼミの実例を紹介しよう。ここでは集団の持つ力（グループダイナミクス），場の教育力が有効に働いている。
　エンターテイメントゼミは，音楽を通して学校行事・地域行事へ参加し，自主企画によるイベントを積極的に行っている。「全員でチームである」という意識を持ち，組織的な役割分担・責務を果たしながら，生徒たちが自主的にイベントを企画立案し運営している。ここでは，音楽技術を向上させることよりも，「音楽と向き合う姿勢」や「仲間を思う心」を育て，チームで社会活動を遂行する中で，社会性・協調性・自主性・企画力・実行力を向上させることに重点を置いている。
　目標も，個人のものと，チームのものと両方ある。個人の目標は「○○の曲を仕上げる」など，スモールステップの小さく達成しやすいものにし，達成すると次の目標を立てる。次々とクリアし続け，自信と達成感を積み上げていく。チームの目標は達成すると，団結力もますます強くなる。
　昨年，地域の夏祭りイベントに参加する際，楽器を購入するための売り上げ目標を立て，協力して達成した。その収入で機材を購入したときは，全員で喜び合った。生徒の感想にも，「音楽でお金を稼ぐということは，とても大変だということがわかった」「自分たちだけが楽しむのではダメ。地域の人やお客さんとのかかわり合い，見てくれる人にどれだけよいものを伝えられるかが大切と

知った」といったものがあった。

6 おわりに

　本章では発達障害や不登校の生徒たちの気づかれにくく誤解されやすい「生きづらさ」の背景を考えながら，アセスメント，IEP，実習を授業の中に組み込んだ星槎国際高等学校の取り組みについて述べてきた。

　不登校だった生徒でも，このシステムなら通えることが多い。先日，進路相談に来た大学3年の卒業生が，当時を振り返って「自分がなぜ苦しかったのか気づいた」「普段から先生がよく話を聴いてくれて，応援してくれた」「失敗することが怖くなくなった」「同じタイプの友だちがいた」「この経験を人のために活かしたいと思った」と語っていたが，彼の言葉は，今後に向けての多くの示唆に富んでいる。

　不適応と言わずに，適応できる学校を作ればいい。学び方を変えればいい。文部科学省は，「共生社会の形成に向けたインクルーシブ教育システム構築」を推進しており，その中に「多様な学びの場」についても謳っている。また，「メディアを利用して行う授業の制度化」や能動的に学習する「アクティブラーニング」も進められている。

　これからは教育分野に留まらず，社会全体で，多様な学びの場と多様な学び方がますます重要になっていると筆者は考えている。

【引用・参考文献】

Gardner, H.（著），黒上晴夫（監訳）（2003）．多元的知能の世界―MI理論の活用と可能性―．日本文教出版．
菅野稔（2014）．星槎国際高等学校紀要「槎」．
小道モコ（2013）．あたし研究2―自閉症スペクトラム〜小道モコの場合―．クリエイツかもがわ．
三森睦子（2014）．教育の立場から（特集・就労支援）．LD研究, 23（4）．
三森睦子（2015）．理解されにくい特性をどうサポートするか．星槎大学紀要「共生」．
ニキリンコ・藤家寛子（2004）．自閉っ子，こういう風にできてます．花風社．

第4章

発達障害者の職業的自立を考える
——事例から見える課題と必要な支援

市村たづ子

1 はじめに

　「発達障害者支援法」施行から10年後の2016年に施行となる「障害者の雇用の促進等に関する法律の一部を改正する法律」には、"差別の禁止及び職場で働くに当たっての支障を改善するための措置（以下、合理的配慮）"と精神障害者の雇用率算定が明示されている。今後、障害者雇用率の更なる上昇が見込まれることを考えると、発達障害者にとっても雇用分野は追い風と言える。しかし、就職はできたとしても、生きづらさを抱えながらの長い就業生活には多くの困難が予想される。本稿では「職業的自立」を、「適性を活かした職に就き、能力を活かすことで会社に貢献し、給料で生計を立てること」と位置づけ、課題と自立に必要な支援について事例から考える。

(1)「障害者就労支援センター クジラ」の紹介

　1994年、発達障害児の親達が保育・教育関係者らと共に「LD児・者を考える会『くじら』」を設立し、以後、学校現場の理解と必要な支援を求める地域活動に取り組んできた。さらに、就職と卒業後の社会生活を支える仕組みが必要であると考え、2002年7月「障害者就労支援センター　クジラ（以下、クジラ）」を設立。10月には昭島市より委託を受け、障害者就労支援事業を開始した。同時に地域就労支援ネットワーク作りにも取り組み、現在では同市の「障害者（児）福祉ネットワーク（26団体）」として組織化され、地域で顔の見える支援体制が構築されている。事業開始から13年、登録者（表4-1）は全ての障害で5倍に増え、支援件数も10倍に増えている。クジラでは新規登録者を除き、支援の継続については更新制を取っている。登録者と保護者、事業所、ク

表4-1 「障害者就労支援センター クジラ」の登録者内訳

登録者実人数 122 名（平成 27 年 4 月 1 日現在）					
4月新規就職者：9					
継続就職者： 118※					
未就職者： 6※					
障害種別（手帳）	身体障害	知的障害	精神障害	その他（発達障害）	計
人数	10	102	30	27（25）	133※

発達障害の内訳					
手帳種別／年齢	10代	20代	30代	40代	計
療育手帳（判定含む）	2	11	1	2	16
精神保健福祉手帳	1	4	2	2	9
別居（結婚）※	2				
家族と同居※	23				

※複数手帳所持を含む

ジラの四者で状況と支援内容を共通確認し，必要な支援をタイムリーに実施するためである。122名の内，未就職者は6名（就職活動に向けて準備中3名）である。

（2）発達障害者の状況

2015年4月1日現在，発達障害者の登録者（表4-1）は，25名であり，登録者全体の18％である。20代が約半数を占めるもののほとんどが現在も親と同居しており，自立しているのは結婚された女性2名のみである。

2 事例紹介――AさんとBさんの比較

（1）Aさん（女性・22歳・知的障害・特別支援学校卒業）

小中学校（特別支援学級）から特別支援学校に進んだAさんは，インターン

シップ・実習を経て，在学中に学んだビルクリーニングのスキルを活かして清掃業務で特例子会社に就職した。通勤に2時間近くかかることや早期に一人暮らしを希望していたこともあり，仕事に慣れた頃に通勤寮（法改正後，東京は「障害者総合支援法」の中の宿泊型自立訓練として継続）に入寮し，生活面と金銭管理の基礎を学び，3年後には母親のサポートと週2回のヘルパーを利用し，アパートでの一人暮らしを始めることができた。現在は，夢だった自動車の免許取得に向け教習所通いを始めている。家庭・会社・相談支援事業所・クジラがそれぞれに役割分担し，連携しながら自立を支えている。

（2）Bさん（男性・30歳・自閉スペクトラム症・大学卒業）

情報系の大学を卒業したBさんは，IT関係の会社に就職するも新しいOAシステムに対応できず閑職に追いやられるような形で自主退職となる。その後一人で一般の就職活動をするが就職に結びつかず，前の会社への不満感が募っていた頃，新聞やTVで見た発達障害の特性が自分に重なり，インターネットで調べたクリニックを受診する。発達障害の診断を受け精神障害者保健福祉手帳を取得し，ハローワークの勧めで職業訓練機関に入校。情報サービス関係の資格を更に取得し，障害者雇用で得意なパソコンを使った仕事に就くが契約を更新できずに1年で満期退職となる。この段階でようやく就労支援センターに登録することになった。その後，面接の準備の段階からの支援を受け，就職した企業は障害者雇用が初めてであったが，丁寧に特性と配慮・対応を伝えることで不安感を払拭し，何よりもトリプルチェックのこだわりが入力ミス無しの正確な仕事につながり，職場の評判は良い。

また，仕事以外では必要以上に苦手なコミュニケーションを求められないことも，Bさんには居心地の良い環境となっており現在も安定している。

（3）AさんとBさんの比較

Aさんは母親やヘルパーから徐々に自立しつつあるが，Bさんは昇給金額にはこだわるものの金銭管理には興味がないままである。また，母子家庭のAさんは，妹弟の姉として小さいころから家事の手伝いを続けてきたことも，役割意識と責任感の熟成等，自立の準備につながった。一方，Bさんの家庭内での

立場と役割は幼少期から変わらない。さらに登録時の面談でも,「まだ,子どもだから」と全ての質問を親が代弁する親子関係から,生活面も進路(進学)の選択・決定も本人の意思よりは両親の考えで進められたと推測された。

(4) Bさんから見えた課題とは

入社内定時,母親から「大学まで出たのに正社員じゃない。うちの子,大丈夫でしょうか」と不満と不安の相談があった。これは,家族がこれまで誰とも「つながる」こともなく,孤立した環境の中で適切な情報提供のないまま,不安を払拭すべくBさんの上級学校への進学を目指してきたことを物語っていた。Bさんも就職のための学歴とスキルは身に付けたものの,自立に必要な社会性や生活スキルは後回しにされてしまっていたのである。

3 発達障害者の自立の課題と必要な支援とは

登録に来る発達障害者は「就職したが,人間関係が上手くいかない」,「就職活動が上手くいかない」「職場が自分を理解してくれない」という状況の中で初めてクジラとつながり,そのほとんどが特性上,長期的な支援が必要な人達である。以下に発達障害者の「自己理解」と「つながる」についてライフステージごとに考える。

(1) 就学前——母親支援

発達障害児者は,保育園や幼稚園での集団生活の中でその特性が顕在化し,母親も家族や保護者の中で孤立することが多い。それでも,現在は発達障害の認知度も高まり,「児童発達支援事業」や「放課後等デイサービス」が市区町村単位で実施されるなど,情報収集や早期の気づきと療育も可能になってきている。この時期に重要なのが母親支援である。母親の「つながる」土台作りと,母親の障害受容が子ども自身の障害受容と自立に大きく影響するためである。就学前は特に早期の母親支援によって母親が保育園・幼稚園,療育機関に子どもの状況(特性)と配慮事項を伝え,養育と療育の協同環境を整えられることが必要になる。そのために,最初のキーパーソンである母親に寄り添い,不安

表4-2　平成26年度 発達障害のある学生の修学支援に関する実態調査結果
（独立行政法人日本学生支援機構，2015より一部抜粋）

	区分	大学	短期大学	専門学校	計（人）
診断書あり	LD	96	9	9	114
	ADHD	278	14	71	363
	高機能自閉症等	1,674	61	221	1,956
	重複	234	13	42	289
	小計	2,282	97	343	2,722
診断書なし／配慮あり	LD	113	29	6	148
	ADHD	359	17	28	404
	高機能自閉症等	1,759	35	99	1,893
	区分不明	943	115	66	1,124
	小計	3,174	196	199	3,569

（対象：国公私立1,185校，回収率100％）

感や障害・診断への拒否感を取り除き，安心してつながることのできるワンストップ的な自治体の早期相談支援体制の構築と，専門性の高い窓口スタッフの配置，親の会やペアレントメンター等の地域サポート体制の充実，さらに保育園・幼稚園の指導者の高いスキルが望まれる。

（2）学齢期・就職前——自己理解

　表4-2は，JASSO（日本学生支援機構）の調査資料の抜粋である。これによると発達障害によって支援の必要な大学生が増加している。診断書のある発達障害学生は2,722人で前年度（2,393人）より329人増加，診断書はない何らかの配慮を大学が行っている学生は3,569人で前年度（3,198人）より371人増加している。また，表4-3（次頁）のWing PRO（発達障害のある青少年の就労を考える特定非営利法人）が大学を対象に行ったアンケート調査の結果では，支援を必要とする学生が，大学入学前に学んでおくべき内容として「自己の特性理解」「障害と有効な対処方法の獲得」「働く理由の理解」「生活面のマナーやスキルの獲得」が上位を占めている。まさに就労の基本の部分である。各大学では，合理的配慮の観点から今後，入学試験の配慮から授業サポート，校内相

表4-3 大学入学前に最優先で学んでおくべき内容「上位項目」
(NPO法人Wing PRO, 2014)

1	自分の特性
2	自分自身の障害と有効な対処方法
3	人が働く理由
	働く上で求められる生活面のマナーやスキル
4	自分自身の障害への支援の求め方
5	対人面のマナーやスキル
	自分に合った進路
6	働くことに対する具体的イメージ

※「発達障害のある（または疑われる）大学生に対する効果的な就職支援のあり方に関する調査」2014年9月対象：大学751校，回収率34.2%）

談支援体制，保護者との連携，専門機関・ハローワークとの連携した就職支援等が進められていくと考えられる。しかし，本人・保護者の障害受容は高学歴になるにつれ困難であり，特に自覚のない大学生や支援を求めない大学生への対応の難しさは変わらない。気づきや支援を上級学校に先送りしないことが重要であり，そのためには学齢期の各段階において以下のことが望まれる。

　小学校段階では，クラスの中でのいじめや孤立に注意して成功体験を増やすことが重要である。また，コミュニケーションの取り方や集団生活のルールなどの社会生活の基礎を作ると共に，学校と保護者との良好な関係作りも大切となる。さらに，放課後等デイサービスなどを活用し，安心できる居場所の確保も望まれる。

　中学校段階になると，本人が他者との違いに気づき，学習面や友人関係でストレスを抱え，自信喪失から自己肯定感が低くなりがちである。自尊心を傷つけることなく，本人・保護者に有効な対処方法を提示すると共に，特性理解を促すサポートを行い，関係機関と連携しながら将来を見据えた進路選択・決定できるよう導いて欲しい。

　知的な遅れがない，あっても知的障害が軽度の発達障害児の場合，進学や進路の選択肢は多岐・多様であり，親の障害受容状況で決定される。障害受容や

支援者とつながることが困難だった場合には，多くの例で特別支援教育や障害者雇用を避け，学歴に期待し普通高校から専門学校や大学，さらには，ポリテクセンター（職業能力開発促進センター）などの訓練機関と進み，卒業後は一般就労を希望することになる。このような場合も含めて，社会への最初の移行である就職は，二次障害を防ぐためにも適切なジョブマッチングと就労準備が重要であり，送り出す教育機関の果たす役割は極めて大きいと言える。教員や職員には，発達障害への理解と，本人・保護者への適切なアプローチができる専門性，校内支援体制の構築，関係機関との調整力が求められる。

（3）就労・定着期──つなぐ・つながる

現在，就業・生活支援センターの職場定着支援以外に，企業内でも企業在籍型ジョブコーチの配置や発達障害理解のための研修，今後の合理的配慮も含め業務面での支援は充実している。しかしながら，発達障害者の困難性は職場内での人間関係（コミュニケーション）や社会性の困難性とメンタル面の脆弱さをずっと抱えていくことにある。たとえ，支援によりトラブルがその時は解決（納得）できたとしても，独特な情報処理からくるこだわりや思い込みのため般化されることなく，支援はずっと続く。二次障害の精神疾患やひきこもり等を防ぐためにも，早期の変化への気づきと本人・保護者・企業が信頼し安心して相談できる支援者とつながっていること，本人が納得できる支援を丁寧に行う必要がある。また，一緒に働く同僚や担当者が抱え込み精神的に追い込まれることのないよう，社内の複数支援体制や支援機関による担当者支援も重要である。

（4）自立支援──ほど良い個別支援

自立には安定就労と収入，生活スキルが必要である。障害者雇用の場合，配慮やサポートがある分，収入・昇給・身分等で一般雇用とは差があり，自立できるほどの収入の確保は難しい状況にある。さらに昨今，障害基礎年金の受給や更新が難しくなり，都道府県単位で大きな差があり，東京では10人に1人が不受給となっている。とはいえ，自立の収入源としての年金取得は大きく，クジラでは力を入れてサポートしている。また，発達障害の場合，診断名は同じ

でも特性や生活スキル，ニーズは個別で幅があり，フルサポートは必要ない場合もある。栄養のバランスや健康管理，部屋の整理整頓，金銭管理，家電などの故障や近隣とのトラブル，諸手続き支援等，困った時に支援者にSOSを発信できることと，必要な時に必要な支援が可能な，本人と相性も良く，信頼される質の高い支援者が傍にいることが必要である。

4 まとめ —— 合理的配慮から

「合理的配慮」では，能力発揮の支障となっている事情の改善を事業主に課している。注目したいのは"障害者と事業主の相互理解"の中で提供されるべき性質のものであるというところである。つまり，障害者自身が自己の特性や配慮点を理解し，提案することが求められ，さらに，配慮の提供により，"能力発揮"も求められるのである。障害者，保護者，学校，支援者が今まで以上に"卒業後は働いて自立する"という当たり前のことを確認し，真剣に向き合い，それぞれに役割を果たす必要があるのではないだろうか。

就業・生活支援機関に支援の期限（終了）はない。しかしながら，どこの支援機関も限られたスタッフで毎年増える登録者に対応している厳しい現状にある。その意味でも，就労準備を整える教育機関の取り組みに期待する。

就業・生活支援機関は，就労面と生活面の直接支援から企業，時として家族支援まで担う息の長い支援が求められるセーフティネットのようなものである。一人でも多くの人の自立を目指し，支援力とコーディネート力等，求められる専門性を今後も高めていく必要があることをあらためて確認したい。

【引用・参考文献】

独立行政法人日本学生支援機構（2015）．平成26年度（2014年度）大学，短期大学及び高等専門学校における障害のある学生の修学支援に関する実態調査結果報告書．
NPO法人 Wing PRO（2015）．発達障害のある（または疑われる）大学生に対する効果的な就職支援の在り方に関する調査報告書．

第5章

大学における発達障害者のキャリア支援

1 STARTプログラムによる明星大学の発達障害学生就労支援

村山光子

1 はじめに——STARTプログラムとは

(1) 大学をとりまく発達障害学生支援の現状

　高等教育機関における発達障害学生支援の現状は大きな転換期を迎えようとしている。

　我が国は，2011年8月に「障害者基本法」が改正され，その条文の中において「必要かつ合理的な配慮がなされなければならない」（第4条第2項）とし，合理的配慮の提供が初めて国内法に位置づけられた。

　さらに，2013年6月には，「障がいを理由とする差別の解消の促進に関する法律」（いわゆる「差別解消法」）が成立し，2016年4月には施行となる。この法律の中では，「行政機関等は，その事務又は事業を行うに当たり，障害者から現に社会的障壁の除去を必要としている旨の意思の表明があった場合において，（中略）社会的障壁の除去の実施について必要かつ合理的な配慮をしなければならない」（第7条2項）と法的義務として合理的配慮の提供を求めており，一般事業者に対しても第8条2項の中で努力義務として課せられることとなった。

　このことは，高等教育機関においても，国公立大学では法的義務，私立大学

であっても努力義務として合理的配慮の提供が行われることを示している。

　こうした法的整備を背景に，発達障害学生支援の体制整備が急速に拡大しようとしている。しかし，合理的配慮の範囲の曖昧さや発達障害のある学生の支援は個別性が高いことから，各大学が「何を」「どこまで」支援すべきか，十分に議論，整理がなされていないのが現状である。

（2）STARTプログラムによる発達障害学生支援

　明星大学では，2008年に発達障害のある学生支援を開始した。当初は，ボランティア活動として心理学を専門領域とする教員や学生支援に携わる職員等，数人の教職員によるボランティアでの活動であった。2009年には，大学の正式プログラムとして本格的な活動となり，今日に至っている。STARTプログラムの正式名称は，

　Survival Skills Training for
　　困ったときに乗り切る方法を知ること，使えること
　Adaptation（適応）
　　大学などに慣れて，楽しく過ごせること
　Relationship（関係）
　　人との関係や，社会と上手に関係を持つこと
　Transition（移行）
　　大学を卒業してからも自分らしく楽しく暮らせること

であり，頭文字をとって「STARTプログラム」としている。名前が示すとおり，学生の大学生活を支え，社会に送り出していくための活動である。

　STARTプログラムの立ち上げのきっかけは，学内にいる発達障害学生たちからの相談内容に，これまでの学生支援の枠組みでは対応しきれなかったことが挙げられる。STARTプログラムでは，まずは大学適応を中心課題として捉える。学内において，学生たちにとって課題となりやすい事柄を中心にSSTの方法によってトレーニングを行い，できるだけ早期から支援を開始し，大学の適応を援助しようとする試みである。

参加者からは，毎月学費とは別に受講料を徴収し，あくまでも大学支援のオプションとして位置づけられている。参加者は1～4年生まで在籍し，所属する学部学科も多様である。

2 STARTプログラムにおける就労支援とは

(1) STARTプログラムにおけるスキルトレーニングの概要

　STARTプログラムで扱うSSTの領域は，平成26年度までは大学適応から社会参加を見据え，比較的広範囲な領域を扱っていた。例えば，彼らに共通する代表的な課題として

- グループワークや実験の授業，ゼミ活動がうまくいかない
- クラブ活動などの中で人間関係のトラブルが絶えない
- レポートが書けない
- 課題の提出期限が守れない
- 学習とその他の活動との優先順位が付けられない

といったものが挙げられる。こうした日常しばしば起こりうる課題(しかし，彼らにとっては極めて重大かつ深刻なこと）につまずき，大学生活を送ることができない学生もいるため，下記の3点を主領域として扱った。

---

①**セルフマネジメント領域（マネジメント能力向上）**
　例）生活管理，学習の仕方・進め方，体調管理
②**自己・他者理解領域（折り合う能力の獲得）**
　例）感情コントロール，対人関係スキル，障害受容
③**社会的枠組み・手続きの理解**
　例）礼儀・マナーの理解，学内ルールの理解，社会的資源の活用

　これらの領域を扱うことで，大学適応に課題のある学生たちの多くが課題を克服し，大学生活を送ることができるようになった。3, 4年生のプログラムで

は，大学適応のSSTから社会移行を意識したプログラム編成となり，就職活動を行うための支援を実施したが，そこでは新たな課題が顕在化してきた。

（2）大学適応から就労支援へ

　発達障害のある学生の就職活動の共通課題のひとつとして挙げられるのは，彼らの代表的な特徴でもある「同時処理」の苦手さである。これにより，卒業研究と就職活動の同時進行が彼らのストレスになり，就職活動が大幅に遅れることが度々ある。卒業研究については，卒業に対するモチベーションが高いこと，またゼミ活動を通じて指導教員が卒業研究の進捗管理を行うため，卒業を強く意識する学生にとっては，それほど難しいことではない。

　しかし，就職活動については，数社にエントリーシートを提出して，面接試験を受け不合格になると，そのまま数ヶ月も就職活動を休んでしまうといったケースが散見された。そもそも，学生本人の中で「どんな仕事に就きたいか」「どんな会社に行きたいのか」といったことは明確になっておらず，自分の希望する職種や会社と，社会や会社が求めている能力との乖離も見られ，現実検討がなされないことも度々あった。

　さらに，進路の選択について，本人の希望と保護者の希望に大きな隔たりがあり，学生本人の力を保護者が過大評価あるいは過小評価し，現実にはあり得ないような選択を行うこともある。また，発達障害のある学生たちの中には，大学在学中にアルバイトやクラブ・サークル活動を通じて社会経験を重ねる機会が乏しい学生も多く存在し，「自分にはどんな仕事が向いているのか」「そもそも接客業ってどんな仕事なのか」「自分の得意なことを生かす仕事は何か」といった仕事に対するイメージや適性を把握しにくい。このため，「自分のやりたい仕事」と「自分にあった仕事」の間に乖離が生じ，その溝を埋めることもなく就職活動を行い，疲弊してしまうのである。

　こうした顕在化した課題をもとに，明星大学のSTARTプログラムでは，これまでの大学適応→社会移行・就職活動といった学生生活上での積み上げ式のプログラム内容およびスキル獲得から，就労するために必要なスキルから大学適応に必要なスキルへと落とし込んでいき，就労していく際に必要なスキルを整理した後，そのスキルを大学適応に置き換える方法にシフトした。また，「就

労」といった場でこれまでの経験を生かし，どの程度適応できるのかといったことをイメージしやすくするため，積極的にインターンシップを活用し，そこで得られた第三者の評価をもとに，学生本人も保護者も納得した進路の選択が可能になる仕組みを構築した。アルバイト等の経験は有効ではあるものの，そこで起こった失敗や成功の体験を自分で整理することや，具体的なフィードバックをもらうことは難しい。しかし，インターンシップであれば，インターンシップ先の企業等と連携することで，より具体的な出来事を経験の蓄積として整理し，自分の適性把握に有効に活用できることが考えられる。こうしたことから，STARTプログラムでは，2年生という早期からインターンシップ活動に参加し，SSTと実践の場（インターンシップ）を組み合わせ，効果的な支援の枠組みを新たに構築した。

3 STARTプログラムのインターンシップモデルとは

（1）インターンシップを軸とした就労支援へ

　上述のとおり，明星大学ではこれまでの大学適応を中心としたプログラムから，就労支援を中心とするプログラムに切り替えた。2の（1）（38ページ）で示した大学適応に必要な3領域のプログラム編成から，図5-1に示すように扱う領域を大幅に見直し，1年生は大学適応プログラムを残しつつ，2年生以降はインターンシップを中心としたプログラム編成に改編した。

　インターンシップおよび就労にあたって必要なスキルは多岐にわたる。しかし，4年間という限られた時間の中で扱うことができる領域には限界があり，これまで6年間実施してきたプログラムの中から，学生たちの最もつまずきやすく，しかし，実社会ではすぐに必要となるスキルを厳選した。

　図5-1が示すクラス2〜4で扱うスキルは，共通5項目としている。項目は共通であるものの，想定するインターンシップ先のレベルや内容に応じて，難易度が異なる。例えば，クラス2のインターンシップ先は学内や，十分な配慮が得られる企業等を想定している。ここで必要な「時間管理のスキル」と，クラス4の「学外で長期間仕事の体験を重ねる」インターンシップ先で必要な「時

間管理のスキル」とでは，自ずとレベルも内容も異なってくる。

このように，それぞれのクラスは，想定するインターンシップ先のレベルに応じた力をつけ，その後の就労がスムーズになるよう，プログラムを編成している。大まかなスケジュールは，表5-1（次頁）に示すとおりである。春休みには，クラス分けのアセスメントがあり，前期にSSTでのトレーニング，夏休みは学生個々の能力に応じたインターンシップ先で仕事の経験を重ね，それを後期の活動の中でフィードバックし，さらにSSTでのトレーニングを行うといった，いわば就労体験のPDCAサイクルをこのプログラムの中で展開している。大学生活のうち，約3年間はこうした就労体験をくり返すことで，このプログラムに参加する学生たちは自己理解を深め，就労に対する意欲とイメージを醸成し，具体的な進路決定へと結びつけていく。

4 今後の展開

今後は，インターンシップのフィードバックをより客観的に行い，蓄積してい

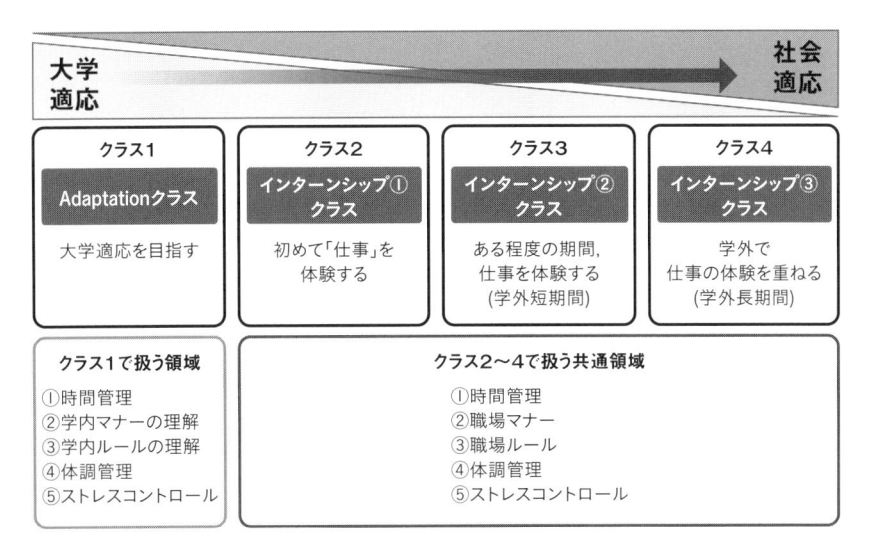

図5-1　STARTプログラムにおける就労支援モデル①

表5-1 STARTプログラムにおけるインターンシップスケジュール

	春休み	前期期間	夏休み	後期期間
クラス1 Adaptation クラス		SST ①時間管理　②学内マナーの理解　③学内ルールの理解　④体調管理　⑤ストレスコントロール		
クラス2 インターンシップ①	クラス2〜4へのアセスメント	SSTおよびインターンシップ直前プログラム	インターンシップ 学内等短期間/配慮あり	SSTおよびインターンシップ直前プログラム
クラス3 インターンシップ②	クラス2〜4へのアセスメント 春休みインターンシップ		インターンシップ 学外長期間/ある程度配慮あり	
クラス4 インターンシップ③	就職活動	SST 就職活動	インターンシップ 学外長期間/配慮なし	SST 就職活動

くためのデータ収集方法の再検討，学生個人の就労に関する能力や就労レディネスを測定するための精度の高いアセスメントの開発を行い，学生たちの状況に応じてSSTのプログラム内容も常に更新していく予定である。

　高等教育機関における発達障害のある大学生の就労支援は，まだ始まったばかりである。明星大学においてもインターンシップモデルは運用を開始して間もない状況であり，今後も継続的な検証を繰り返し，より発達障害のある学生たちの実態に即した支援の在り方を模索していく必要があるだろう。

【引用・参考文献】

明星大学発達支援研究センター（2014）．STARTプログラム活動報告書．
内閣府HP　http://www.cao.go.jp/
高橋知音（2012）．発達障害のある大学生のキャンパスライフサポートブック―大学・本人・家族にできること―．学研教育出版．
梅永雄二（2010）．仕事がしたい！発達障害がある人の就労相談．明石書店．

2 大学から社会へ
―― 発達障害のある大学生への社会参入支援

桶谷文哲

1 はじめに

　富山大学では，2007年度から発達障害のある学生の支援を中核的に行う組織体制を構築し，2015年4月現在，学生支援センターの下部組織であるアクセシビリティ・コミュニケーション支援室（以下，支援室）がその任を担っている。支援室では，2015年3月時点で約60名（全学生数の約0.5%）の発達障害のある学生（医学的診断はないが支援を必要とする学生も含む）の支援を行っており，大学入学前から就職後まで学内外の支援リソースと積極的な連携を図りながら継続的かつ包括的に支援を行っている。

2 発達障害学生への社会参入支援の特色

　修学支援において，学生は日常的な大学生活や修学場面での困難について支援者と対話を重ね，自分自身の特性による困り感を認識し，配慮を要請する必要性を学んでいく。その一方で，支援者や同じ悩みを共有する仲間との心地よいコミュニケーションを通じて，自身の特性にある強みも自覚していく。その際，支援者はコミュニケーション支援として学生と社会（他者）とのつなぎ役も担っている。修学場面では合理的配慮に関する話し合いをする際，学生と教員の双方の思いをつなぐ仲介役となる。また，就職活動時期や就職後には，学外の就労支援機関および事業所の担当者とつながり，学生がスムーズに就職活動や安定した就労のための動きができるように仲介役を担う。

　筆者らは，このような実際の場面に即した丁寧な支援による経験的学習に

よって，発達障害学生の「特性への気づき（セルフアウェアネス）」と「自己と社会の関係性への肯定的なイメージの獲得」が促進されていくと考えており，修学支援で得られた気づきを就職活動に向かうための基盤とする連続性のある支援スタイルが本学の特色である（図5-2）。

支援室では，これらの発達障害のある学生への支援全体を「社会参入支援」と定義し，学生が新しい環境（社会）へ参入するプロセスを一貫して支援することをミッションとして掲げている。ここでの「社会参入支援」とは，学生自らが新たな環境に歩み入る力を獲得していく成長モデルを基盤とした支援の在り方であり，学生が日常経験するさまざまな物語（困難とその克服など）を支援者との対話によって共有し意味づけることで，学生が社会との新たな関係性を構築していくことをねらいとしている（西村，2011）。

支援室では，図5-3のように概ね"入学前〜大学1年前期まで（第Ⅰ期）"から"卒業後（第Ⅳ期）"までの社会参入支援を行っている。

支援室の社会参入支援の特色

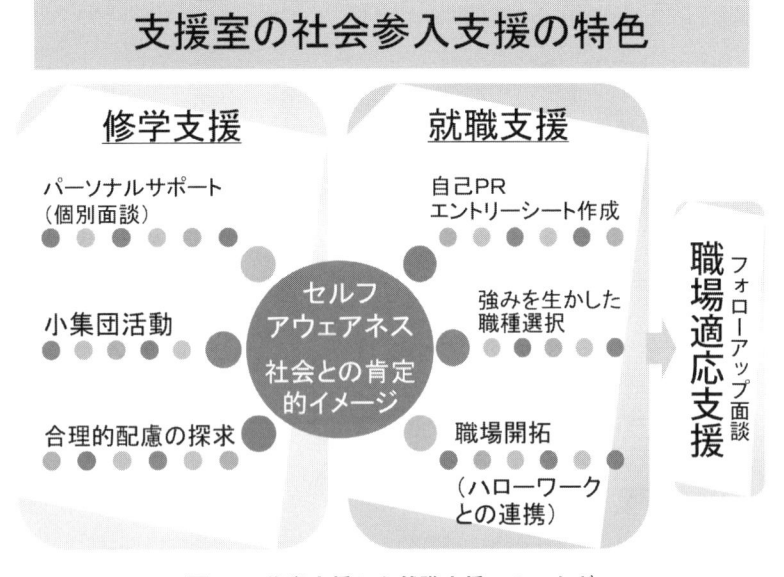

修学支援
- パーソナルサポート（個別面談）
- 小集団活動
- 合理的配慮の探求

就職支援
- 自己PR エントリーシート作成
- 強みを生かした職種選択
- 職場開拓（ハローワークとの連携）

セルフアウェアネス 社会との肯定的イメージ

職場適応支援 フォローアップ面談

図5-2　修学支援から就職支援へのつなぎ

3 発達障害のある学生への就職支援の課題と支援室の役割

　発達障害のある学生にとって就職活動自体，未知のことであるがゆえに大きな不安を伴うものである。支援室では修学支援において継続的に定期面談を行う支援スタイルをとっているが，就職活動支援も必然的に同様の継続的な支援スタイルをとっている。また，在学中に採用に至らなかった学生に関しては，卒業後も引き続き支援を行う。その際には，一般就労に加え，障害者雇用枠を検討するために，ハローワークや地域障害者職業センター等の学外の労支援機関との連携・協同を視野に入れた就職支援モデルを構築する必要性も出てくる。
　また，実際に就労支援機関と支援を行う場合，障害者雇用および連携支援について現状では以下の課題がある。

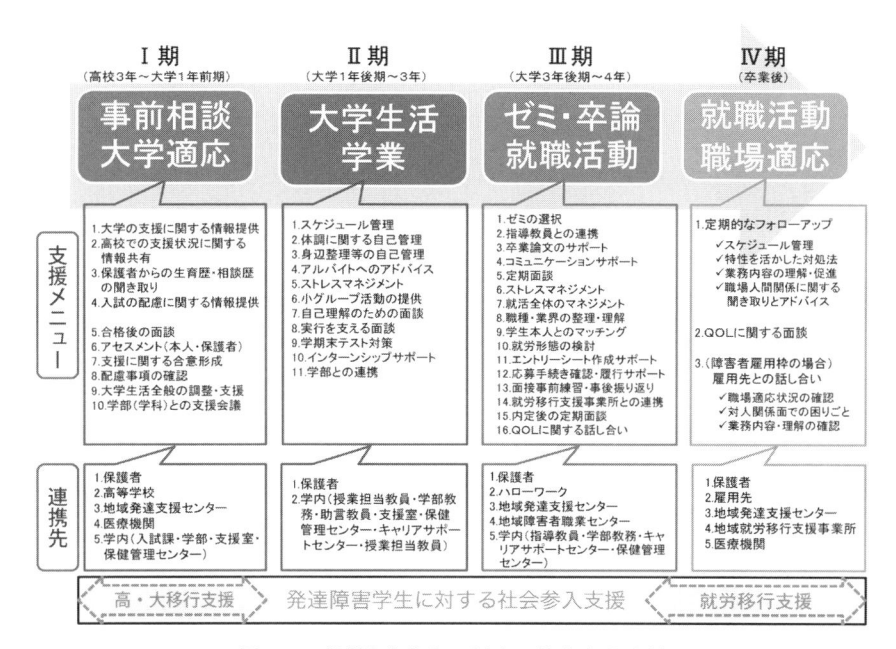

図5-3　発達障害学生に対する社会参入支援

Ⅰ期（高校3年～大学1年前期）：**事前相談　大学適応**

- 支援メニュー
  1. 大学の支援に関する情報提供
  2. 高校での支援状況に関する情報共有
  3. 保護者からの生育歴・相談歴の聞き取り
  4. 入試の配慮に関する情報提供
  5. 合格後の面談
  6. アセスメント（本人・保護者）
  7. 支援に関する合意形成
  8. 配慮事項の確認
  9. 大学生活全般の調整・支援
  10. 学部（学科）との支援会議
- 連携先
  1. 保護者
  2. 高等学校
  3. 地域発達支援センター
  4. 医療機関
  5. 学内（入試課・学部・支援室・保健管理センター）

Ⅱ期（大学1年後期～3年）：**大学生活　学業**

- 支援メニュー
  1. スケジュール管理
  2. 体調に関する自己管理
  3. 身辺整理等の自己管理
  4. アルバイトへのアドバイス
  5. ストレスマネジメント
  6. 小グループ活動の提供
  7. 自己理解のための面談
  8. 実行を支える面談
  9. 学期末テスト対策
  10. インターンシップサポート
  11. 学部との連携
- 連携先
  1. 保護者
  2. 学内（授業担当教員・学部教務・助言教員・支援室・保健管理センター・キャリアサポートセンター・授業担当教員）

Ⅲ期（大学3年後期～4年）：**ゼミ・卒論　就職活動**

- 支援メニュー
  1. ゼミの選択
  2. 指導教員との連携
  3. 卒業論文のサポート
  4. コミュニケーションサポート
  5. 定期面談
  6. ストレスマネジメント
  7. 就活全体のマネジメント
  8. 職種・業界の整理・理解
  9. 学生本人とのマッチング
  10. 就労形態の検討
  11. エントリーシート作成サポート
  12. 応募手続き確認・履行サポート
  13. 面接事前練習・事後振り返り
  14. 就労移行支援事業所との連携
  15. 内定後の定期面談
  16. QOLに関する話し合い
- 連携先
  1. 保護者
  2. ハローワーク
  3. 地域発達支援センター
  4. 地域障害者職業センター
  5. 学内（指導教員・学部教務・キャリアサポートセンター・保健管理センター）

Ⅳ期（卒業後）：**就職活動　職場適応**

- 支援メニュー
  1. 定期的なフォローアップ
     - スケジュール管理
     - 特性を活かした対処法
     - 業務内容の理解・促進
     - 職場人間関係に関する聞き取りとアドバイス
  2. QOLに関する面談
  3. （障害者雇用枠の場合）雇用先との話し合い
     - 職場適応状況の確認
     - 対人関係面での困りごと
     - 業務内容・理解の確認
- 連携先
  1. 保護者
  2. 雇用先
  3. 地域発達支援センター
  4. 地域就労支援事業所
  5. 医療機関

Ⅰ期：高・大移行支援　／　Ⅱ～Ⅲ期：発達障害学生に対する社会参入支援　／　Ⅳ期：就労移行支援

(1) 発達障害の特性による就職活動の困難さ

在学中の就職活動には次のような難しさが挙げられる。

○在学中は卒業論文や研究で，就職活動を行うことができないことが多い。

○学生に仕事や職種についての明確なイメージがなく，偏った関心による職業選択になりやすい。

○自己PRや志望動機をまとめられない。理由としては，PRするだけの自信がない，書くことができる経験が思い浮かばないなどが挙げられる。

○就職活動では彼らが最も苦手とするコミュニケーション上の問題が大きな壁となる。

○企業が求める社会人像（能力）と自分とのギャップに苦しむ。

---

(2) 障害者雇用の現状

障害者雇用枠での就職活動では，大卒の発達障害者の雇用経験のある企業や自治体がまだ少なく，採用に対して消極的であることが多い。また，一般雇用と比較して仕事内容や待遇面で大きな差があり，学生や保護者が雇用形態についての不安を感じ，障害者雇用枠での就職活動に踏み切れないでいる現状もある。地域にもよると思われるが，まだ一般雇用と比較して障害者雇用枠での就職は特段有効な手段とはいえないのが現状である。

(3) 連携支援に関する課題

就労支援機関の担当者にとって，大卒の発達障害者の支援経験が少なく事例を重ねている段階であり，短期間で個々の特性に応じた配慮や支援の方法をアセスメントし，応募先の企業等に伝えていくことは難しい現状がある。アセスメントに関しては，地域障害者職業センターで実施する厚生労働省編一般職業適性検査（GATB）による職業評価があるが，知的な遅れのない発達障害者の

場合，言語能力としての「コミュニケーション能力」の項目が高得点になることが多く，コミュニケーション上の困難さを感じている当事者にとって違和感のある結果となる場合がある。

また，本人が就職活動を進めていく上で最も壁になることは，障害者雇用の場合，採用試験を受けるまでに，求職者登録（ハローワーク），医学的診断（病院），障害者福祉手帳の取得（自治体），職業適性検査（障害者職業センター）などの動きが必要となるが，このような複数の動きを根気強く取り組んでいくための意欲を維持していくことである。一連の動きをコーディネートする役割の部署が不明確であり，支援機関間の連携も不十分な場合，学生は必要な情報を得ることや，必要な書類を作成し提出するまでに至らない場合がある。

このような現状を踏まえ，筆者らは就職活動を支援する中から得られた経験や知見を就労支援機関の担当者に伝えていく役割，つまり，学生と就労支援機関の仲介役としての大学支援者の存在が支援の継続には大きな力となると考えている。具体的には，これまで支援室が修学支援で行ってきた学生との対話による支援，経験をもとにした振り返りによる事実関係の整理，さらには学生と周囲の人々との仲介役といった役割を，そのままのスタイルで地域就労支援機関との連携支援において継続していくことが必要なのではないかと考えている。

4 就職支援事例

支援室で行っている発達障害学生への就職支援の事例を以下に紹介する。なお，本事例は，その本質が損なわれない範囲で修正もしくは改変し，個人が特定されないように配慮している。

●事例A：卒業後に就職活動を行い，一般雇用での採用が決まったケース

Aさんは，大学4年生時に就職を心配した指導教員から勧められて支援室に自主来談した学生である。「就職活動のことで悩んでいる」というAさんだったが，同時に指導教員と研究テーマで意見が合わず，卒論が進まない状況に行き詰っていることがわかった。Aさんは自分と他者の考え方が大きく異なることに気づいていたが，他者の考えを受け入れることはできず，よく家族とも衝突

しているとのことだった。支援室では、まず保護者と会い、Ａさんの特性についての認識を共有できた上で、指導教員にＡさんの特性に合った卒論指導について話し合い、当面卒論に専念する方針とし、就職活動についてはプレッシャーをかけないことを確認しあった。その後、Ａさんは無事に卒業に至り、卒業後に支援室を基地としてハローワークを利用した就職活動を行っていった。

　発達障害の傾向があることを自覚しはじめたＡさんだったが、障害者雇用のメリットとデメリットを知り、「卒後３年間は一般雇用を目指し、それでもうまくいかなかった場合は障害者雇用に切り替えて就職活動を行う」という目標を立てた。なかなか採用面接を突破できないＡさんだったが、卒後２年目に支援室と共同研究を行う就労支援事業所の職業体験プログラムに参加し、採用者の視点や社会人としてのマナーについて事業所のスタッフから指摘され、また、他の利用者をモデルにして自分自身を振り返り、自身の態度の問題について認識するようになった。Ａさんは、「私は、自分の視点で考え行動すれば良いと思っていました。でも、他者からどう見られるか、他者が自分の行動でどう感じるのかを想像することが働く上で大切だとわかりました」と語った。その後、支援者の助言を聞き入れることができるようになっていったＡさんは、３年目に入り一般雇用での正規採用が決まった。その後も、支援室で月１回のフォローアップ面談を継続しており、現在も働き続けることができている。

5　就職後のフォローアップ支援

　支援室では、2013年度より就職が決まった卒業生に対して、就職後のフォローアップ支援を開始した。就職後のフォローアップ支援の目的は、安定した職場適応と、就職後に起こりうる問題を早いうちに発見し、早期離職を防止するためである。具体的には、就業時間後に大学（支援室）に来てもらい、面談で様子を聞き、働く環境や本人の精神的な安定度を観察するという形である。来室のペースは２週間に一度、あるいは３か月に一度程度。聞き取り項目は、①業務内容、②職場の体制などの職場環境、③職場での上司や同僚との関わり、④仕事で嬉しかったこと、やりがい、不安なこと、気になること、⑤余暇の過ごし方・体調管理である。本人が積極的に話したいと思うことも自由に語って

もらう時間も取っている。

実際のフォローアップ面談ではさまざまなエピソードが語られる。たとえば先に挙げたAさんは、ルールに厳格でこだわりの強い特性があるのだが、「上司に喫煙に関するマナーについて指摘したいのですが大丈夫でしょうか？」という話題が話されたり、「上司の話を聞くときの態度が悪いと先輩から注意をされましたが、どこがいけないのでしょうか？」という疑問が話されたりする。Aさんの気持ちに寄り添いながらも、新入社員としての態度や心構えを話題にして、適応的な振る舞い方について助言する支援を行っている。Aさんの学生時代には納得に至りにくかったテーマであったが、社会人となったAさんには、指導的なアドバイスがすっと入っていく感がある。

●事例B：一般雇用で採用され，就職後に問題が起きたケース

Bさんは就職後2～3か月経った頃、「残業が多くてこのまま仕事を続けられるかわからない」と沈痛な表情で相談に訪れた。よく話を聞いていくと、実は残業は一日1時間程度で、本人にとってはそれほど大きな問題ではなく、むしろ学生時代のように好きなことに没頭する時間が少ないことがつらいという苦しさが背景にあることがわかった。対話によって自分の気持ちに気づいたものの、本来やりたかった業務をさせてもらえないという不満もあり、仕事への意欲の低下はどうしようもなかった。支援者は、①とりあえずは半年間、今の仕事を続けてみる、②新入社員は1年間、さまざまな業務を体験することが多いので、今はその時期だと思ってはどうか、③実際に転職をするとしても、今の体験は決して無駄にならない、という助言をした。

Bさんは、その後も隔週で支援室を訪れたが、そのたびに語りが変化していった。面接では、「やってみたら、今の仕事のおもしろさがわかってきました」、「辞めてもいいと思ったら、気持ちが楽になりました」、「新しい技術を習得し、スキルアップできたことが嬉しい」と前向きな発言が増え、3か月を過ぎた頃には辞めるという話題はなくなっていき、1年を過ぎて安定した生活を送っている。

●事例C：障害者雇用で就職し，部署変更により問題が発生したケース

　Cさんは就職直後からフォローアップ面談を継続して支援している卒業生である。就職1年目は順調に仕事をこなしていたが，2年目に部署変更があった頃から，「(Cさんに)仕事の連絡がうまく伝わらない」と同僚から指摘を受けたという話題が語られた。Cさんの話を聞き，支援室ではハローワークの担当者と相談した結果，大学支援者とハローワーク担当者が企業に出向き，支援会議を行うことになった。

　企業側は，Cさんの困りごとを把握しておらず，あらためてCさんの職場環境を見直すこととなった。そこでは，部署が変わったことによる支援の引き継ぎがされていなかったことが大きな問題として共通認識された。改善策として，直接指導する上司への引き継ぎを徹底すること，メールでの連絡事項の際に，見出しをわかりやすくつけること等の工夫の必要性が確認された。支援会議では，「今後もCさんを温かい目で見守っていきます。Cさんの得意な能力を伸ばしていけるようにサポートしたいと思います」という人事担当者の声を聞くことができた。その後，Cさんから「指示がわかりやすくなり，間違えることがなくなりました」という報告があった。

6 まとめと課題

　就職支援は，依然として困難を極めている中で，大学の支援者が修学支援に引き続き，就職活動を支援することの意義は大きい。安定した人間関係を基盤に新しい人間関係を築くことができることが大きな理由である。大学の支援者と就労支援機関の担当者が，良い連携関係を築き，コミュニケーションを活発に行うことによって，発達障害者は安定した状態で次のステージへと移行していくことができる。

　最後に，就労を見据えた支援のまとめと課題について述べたい。大学における修学支援は，表向きは単位を取得し卒業することへの支援であるが，その本質的な目的は支援を受ける学生の「肯定的な自己イメージ」と「社会とのつながり感」を育てることにある（桶谷・西村，2013）。これらを醸成することで，就職支援に比較的スムーズに移行することが可能となる。なかなかうまくいか

ない就職活動で自信を喪失し、チャレンジし続ける気力を失ってしまう場合もあり、八方塞がりになった状況を、あきらめないで乗り越えていくことそのものを支援することも重要である。これまでの筆者らの経験では、修学支援を継続してきた学生はこのような困難な状況でも、慌てることなく、あきらめずに就職活動に取り組む姿勢を維持することができている。支援を受けながらも満足できる修学ができたという自信は、同様に、就職活動に関しても支援を受けながら一歩ずつ社会自立への道を歩んでいるという実感につながっていくものと思われる。

　知的な遅れのない発達障害者の場合、障害者枠の採用であっても、企業は彼らにコミュニケーション能力を期待する。社会がすぐに変化するものではないと考えると、現状では障害者雇用が必ずしも一般雇用に比べて有効な手段とはならないことを認識し、そのうえで彼らが社会的に自立するための社会参入支援をどのように進めていくべきかを今後も実践を重ねつつ明らかにしていきたい。

【引用・参考文献】

西村優紀美（2011）．高校から大学へのスムーズな社会参入を目指して．特別支援教育研究, 641, 15-17. 東洋館出版社.

桶谷文哲・西村優紀美（2013）．発達障がいのある大学生への支援―修学支援から就職支援への展開―．学園の臨床研究, 12, 45-52.

3 社会福祉法人すいせいとの連携による関西学院大学の発達障害学生就労支援

鈴木ひみこ・塚田吉登

　関西学院大学と社会福祉法人すいせい（以下すいせい）は，2011年度より連携を開始し，大学における発達障害学生（以下発達障害学生）の就労支援に取り組み始めた。2014年度からは正式に業務契約をし，発達障害やその傾向のある学生向けの「キャリア教育支援プログラム」を提供している。本章では，「キャリア教育支援プログラム」の内容を中心に，大学・支援機関の双方の立場から，連携に至った経緯やこれまでに実施した支援内容を紹介し，発達障害学生の就労支援の新たな可能性を提案する。

1 関西学院大学での従来の就労支援体制

　関西学院大学では，2011年4月より，障害学生修学支援と学生相談の機能を統合した総合支援センターを設け，障害のある学生の修学支援や心理的ケアの必要な学生の支援を行っている。発達障害学生の就労支援に関して，従来は総合支援センターにおいて，就労への準備段階の支援としてSSTのプログラム提供や，キャリアセンターと連携をした形での個別相談を行っていた。

　しかし，大学単独での個別支援の限界も多数存在していた。1つは，発達障害者を積極的に雇用している企業とのつながりの乏しさである。本学では，面接練習等の個別支援を終えた後は外部支援機関やハローワークを紹介する程度に留まり，就労につながる具体的な支援を行うことはできていない状況であった。また，採用が決まった場合でも，厳しい雇用条件の就職先しか選択の余地がなく，定着が困難であると考えられるケースもあった。さらに発達障害学生の中には，自身の障害特性の理解や就労イメージが乏しいことから就職活動が

難航し，進路未定のまま卒業していくケースも多くみられた。

一方，学生の中には，ジョブマッチングさえできれば新卒で就職することが可能だと思われるケースや，在学中に適切な進路選択や就労準備ができなかったために就職活動が難航したケース等があり，大学としての支援のあり方を模索していた。

そのような状況の中，2011年，すいせいの担当者が，CAST PROJECT（次節を参照）の実施に伴って来学したことをきっかけに，関西学院大学との連携を開始することとなった。次項では，すいせいの概要や，すいせいが発達障害学生の就労支援に取り組むに至った経緯について述べる。

2 関西学院大学とすいせいの連携

(1) すいせいの概要

すいせいは兵庫県神戸市垂水区に本拠地を置く社会福祉法人であり，障害のある人々に対して，生活・就労支援を中心とした障害福祉サービスを提供している。1974年に精神障害者の家族が設立した「垂西むつみ会共同作業所」を前身とし，2002年10月に法人格を取得，「社会福祉法人すいせい」が設立された。法人設立当初は精神保健福祉法に基づく授産事業，生活支援事業を行っていたが，障害者自立支援法の施行に伴い障害福祉サービスへと移行し，精神障害者だけでなく知的障害，身体障害，そして発達障害のある人々への支援も行うようになった。現在は通所型の障害福祉サービス6事業と神戸市からの委託の相談事業4事業の他，法人独自事業として「学生・就職困難者キャリアサポート事業＋U（プラスユー）」を運営している（表5-2・次頁）。

(2) すいせいが大学生支援事業に取り組んだ経緯

すいせいでは，2010年頃から，発達障害学生やその保護者，さらには大学教職員からの，発達障害学生の就労に関する相談が増え始めた。

これらの相談の増加を踏まえ，発達障害学生の支援におけるニーズ調査と支援モデルの検討を行うプロジェクト「Carrier Support Team PROJECT；

表5-2 社会福祉法人すいせい 運営事業一覧

通所事業（障害福祉サービス）	相談事業（神戸市委託相談業務・補助業務）
障害者地域活動支援センター　ハーモニー垂水 （生活リズム，体調を整える）	たるみみなみ障害者地域生活支援センター （障害福祉サービスの利用案内や生活相談窓口）
就労継続支援（B型）事業所　ワークス垂水 （短時間就労を目標に支援）	神戸市発達障害者西部相談窓口 （大人の発達障害者の地域生活の支援窓口）
自立訓練（生活訓練）事業所　Free - biz （自己理解を深め，職業適性を知る）	神戸市西部地域障害者就労推進センター （就労支援，職場定着支援，企業開拓等の窓口）
就労移行支援事業所　JOBridge （一般就労を目標に工場内作業で技術習得）	生活困窮者自立支援事業（神戸市委託）
就労移行支援事業所　CASTビジネスアカデミー （一般就労を目標にPC利用事務関連に特化）	神戸市就労準備支援事業 （一般就労に向けた支援・就労体験の提供）
神戸市発達障害者西部居場所事業 ハーモニーのつどい （発達障害のある方を対象に月1回のプログラム提供）	法人事業
	学生・就職困難者キャリアサポート事業 ＋U（プラス・ユー） （発達障害等に悩む学生のための就職支援）

CAST PROJECT」を2011年4月に発足し，事例検討や大学への視察，ヒアリング等を経てニーズ調査を行った。1年間の活動の結果，①発達障害学生への就労支援を行うための制度・社会資源が皆無であること，②大学内での支援ノウハウの乏しさ，③当事者・教職員からの支援ニーズの大幅な増加が明らかになった。この調査結果から，2012年2月，社会資源開発として障害福祉サービス「就労移行支援事業所CASTビジネスアカデミー」を開設し，大学生の支援モデルについては「学生・就職困難者キャリアサポート事業　＋U（プラス・ユー）」を立ち上げ，支援活動を本格化させることとなった。

これらの流れの中で「修学支援と就労支援の混在」など法人単体で支援を行っていく困難さから，大学との組織間連携が必要であると考えるようになった。以上の経緯から大学と連携を図るためのスキームを模索し，現在は関西学院大学を始め，様々な大学との連携を実現している。

次節以降では，2つの事例を取り上げながら，すいせい側から見たかかわりの「第1期」と，関西学院大学側から見たかかわりの「第2期」についてそれぞれ紹介する。

3　第1期　個別支援の実施

　関西学院大学とすいせいは，当初は各学生への個別支援で連携を行っていた。最初のケースは，文系学部4年生の男子学生（以下Aさん）であった。以下では，Aさんへの就労支援について，Aさん本人への個別支援と企業側へのアプローチの2つの視点から述べる。

（1）事例1：広汎性発達障害をもつ文系学部のAさん

　当時，Aさんは4年生の後期にさしかかり，広汎性発達障害の診断を受けていたが，手帳は未取得という状況であった。一般雇用枠での就職活動がうまくいかず，「特性に理解のある環境で働いた方が良いのでは」という想いから障害者雇用枠を視野に入れ始め，本人が関西学院大学総合支援センターに相談したのち，すいせいが連携依頼を受けて就労支援を開始することとなった。
　Aさんは卒業を目前に控えていたことから，卒業後すぐの就職を目指した場合，支援期間に限りがあるという状態であった。またAさん自身が障害特性について理解しきれていない部分があったため，就職先を考えるにあたり「障害特性の整理」を早急に行う必要があった。この「障害特性の整理」を行うため，学内に模擬就労の場面を作り，その場面を支援者が観察することで特性を分析するという「学内実習」を提案し，大学側の協力を得て，「事務作業」「軽作業」の2つの作業を実施した。
　学内実習では，本人の「活かせる能力」と「配慮が必要な点」を明らかにするため，支援者がそばで観察・支援を行った。この際，単に本人の業務遂行能力を確認するだけでなく，「質問や報告を適切に行うことができるか」などの社会性の確認にも重点を置きながら，「業務能力」「障害特性」「社会性」の分析を行った。
　学内実習の結果，本人の仕事に活かせる能力として「パソコン入力の処理速度の速さ」がみられ，障害特性としては「視覚優位」「集中持続の困難さ」「注意散漫」といった点が明らかになった。
　これらの結果を本人・大学側とも共有し，今後の進路について面談を継続した。この時点で，本人の「企業のサポートを得て働きたい」という希望が明確

になったため，障害者雇用枠に向けて障害者手帳の取得申請を行った。その後，ハローワークの力も借り，本人の能力に合った障害者雇用枠での求人を開拓した結果，「PC入力の処理速度の速さ」を活かすことのできる「事務職」での就職が決定した。

(2) 企業側へのアプローチ

　雇用決定までのプロセスではジョブマッチングを意識し，雇用前に，本人が活かせる能力や配慮が必要となる点をまとめた「プロフィールシート」を作成して，企業側の理解を得ながら業務の切り出しを行った。切り出した業務を支援者が確認しながら，業務量の調整や業務の組み立てにおける配慮点（1日の業務を「時間・内容・手順」に分解し，マニュアル・図表にまとめて視覚化するなど）を企業側との連携により構築した。また，これらの業務が本人の特性にマッチするかということや，業務中に実際に必要となる配慮事項をより明確にするため，雇用前に企業内実習を実施した。実習の様子を支援者・企業担当者の双方が確認する中で「業務手順・業務タスクの視覚化」「タスク整理のツール使用」などを企業側の配慮として実施し，環境整備を行った。これらを経て，本人が持つ能力を発揮することができ，企業側からの良い評価へつながった。その後，ハローワーク担当者を交えてケース会議を実施し，採用へと至った。

　採用後も職場定着支援として，すいせいの支援者が企業を訪問し，業務状況の確認と面談を実施した。本人は，就労開始後すぐの段階で，業務中に人の動きなどが目に入り，注意集中の維持が困難になるという課題を抱えていた。この点について企業と協議し，事務所内の様子が本人の視界に入らないよう，企業側の配慮によってデスクの移動が行われた。その結果，本人は業務に集中し，本人の持つ能力をより安定して発揮することができた。

　上記の通り，採用後の職場定着支援を行うことで，本人は企業の戦力として，現在も継続して就労している。さらに本人の能力や業務への姿勢が評価され，2015年度より雇用形態が正社員となった。

　このケースでは，障害者雇用での就労に至る好例であったということと，障害学生の就労支援に必要な支援プロセス，スキームを明確にすることができた。

このケースを通し,「より多くの学生の支援を行うための仕組みが不可欠」という考えに至り,関西学院大学とすいせいとの組織間連携体制の深化を模索し始めるきっかけとなった。

4 第2期　キャリア教育支援プログラムの実施

　前述の事例での連携をきっかけに,関西学院大学からすいせいの担当者に,個別に学生をつなぐといった期間が続いた。しかし,必要に応じてその都度,個別に対応するという形式では課題も浮上した。まず,個別対応では担当者間でのやり取りに留まり支援プロセスが蓄積されないため,継続的なサービスの提供が難しいと考えられた。また,同時に複数の学生に支援を提供できない点も課題であった。そこで,個別対応の利点は残しつつ,組織間で契約を結ぶことで,支援内容を系統立ててより多くの学生を支援する体制を作るため,「キャリア教育支援プログラム」を開始することとなった。

(1) キャリア教育支援プログラムの概要

　キャリア教育支援プログラムは,年間を通して,面談や学内実習・学外のインターンシップなどのプログラムで構成されており,関西学院大学とすいせいが業務契約を結んで実施している。このプログラムの目標は,本人が障害特性を理解して適切な進路選択の方向性を見出すことと,プロフィールシートを作成することである。プロフィールシートは,4年次に就職活動をするにあたって使用できるよう,本人の特性等を細かく記載したものである。プログラムの全体的な流れを図5-4に示す。

　プログラム参加者は,初回のインテーク面談を行った後,学内実習に参加す

インテーク → 【学内実習】軽作業・事務作業 → 面談 → 【学外実習】企業インターンシップ → 面談 → 評価 → 進路選択

図5-4　キャリア教育支援プログラムの流れ

る。学内実習は，学外インターンシップに行く前に，就労場面における作業スキルや障害特性を把握するために実施している。その後，学内実習で明らかになった自身の障害特性を振り返り，必要に応じて学外インターンシップに進む。学外インターンシップは，発達障害者を積極的に雇用している企業へ短期間の受け入れをお願いしている。その後，プログラムの総まとめとして振り返りの場を設け，支援者側で作成したプロフィールシートを用いて本人の障害特性や進路について話し合った後，進路選択の方向性を見出すというプログラム構成である。2014年度，本プログラムには3名の学生が参加したが，ここではその中の1つの事例を紹介する。

(2) 事例2：注意欠陥多動性障害をもつ文系学部のBさん

　文系学部3年の女子学生であったBさんは，当初は対人援助職に就きたいという希望が強く，進路選択に悩んで本プログラムに参加した。学内実習参加時には，持ち前の素直さや指示理解の速さが発揮された一方，同時処理の困難さや注意集中の途切れやすさなどがみられ，作業途中に出された指示を聞き逃す，作業ペースにムラが出るといった課題が明らかになった。この時点では，環境が整えば就労につながる可能性もあるものの，卒業後に就労訓練を受けるという選択も視野に入れ，学外インターンシップを通して，就労場面における特性をさらに詳しく分析することになった。学外インターンシップでは，軽作業を中心とする業務を体験した。学内実習時と同様の特性がみられたものの，ここでは，職場の環境設定が本人の能力を発揮する大きなポイントとなった。このインターンシップでは，単独で同じ内容の軽作業を進めるという業務を体験した。当初は作業ペースのムラや手先の不器用さなどに課題が見られたものの，作業内容に変化が少ないことや，1人で単一の作業をすることから，早い段階で作業に慣れることができた。この職場環境が本人の特性にフィットし，最終的には職場で求められるレベルの能力を発揮できたことで，企業側からもポジティブなフィードバックが得られた。本人はその後，就職活動に積極的になり，別の企業でのインターンシップにも参加した。大学での最終的な振り返りの際には，自らの得手不得手や，どのような業務が取り組みやすいかなどを的確に表現できるようになり，自信もついたようであった。今後は障害者雇用枠での

就労に向けて引き続き，すいせいの担当者と共に就職活動を進めていくこととなった。

(3) キャリア教育支援プログラムを通して見えたこと

　本稿では1つの事例を紹介するにとどまったが，他の2名の参加者についても，プログラムを通して就労場面における障害特性の理解が促され，適切な進路選択をすることができた。キャリア教育支援プログラムのそれぞれの段階において様々な効果があったと考えられるが，特に「学内実習」の実施は，その後の学外インターンシップや適切な進路選択への重要なステップになったと思われる。

　ここでは特に，学内実習に焦点を当てて効果を述べる。学内実習の効果は，大きく3つあったと考えられる。1つ目は，本人の障害特性の理解や就労イメージが促されたことである。学内実習を通して，就労体験をすることはもちろん，支援者がそばで行動観察をして特性を分析し，その結果をフィードバックすることで，本人がより客観的に自身の障害特性を把握することにつながった。2つ目は，保護者の理解が進んだことである。大学での就労相談場面において，本人と保護者の希望が異なっている場合や，障害者雇用に対して保護者の理解が得られにくいことがある。しかし，本人にとって最も身近な存在である保護者が本人の障害特性への理解を深めることで，進路選択の幅が広がり，就職活動時や就職後の心理的なサポートにもつながることが期待される。さらに，修学場面では明らかになりにくい就労場面での障害特性を把握し，本人・保護者・支援者の3者間で共有・確認することができた。これにより，就労支援の方向性を統一し，それぞれの特性に合った学外インターンシップ先につなげることが可能となった。これらの効果が得られたことから，本プログラムにおいて，学内実習は重要なステップと位置付けられ，現在も継続している。

5　おわりに

　前項で述べたキャリア教育支援プログラムは，学内外での就労体験とフィードバックを重ねることによって学生自身が特性理解や就労イメージを深め，特

性に応じた適切な進路選択をするための大きなステップになったと考えられる。

　また，このプログラムの実施により，大学における発達障害学生への就労支援の幅が格段に広がり，現場の支援者としても手ごたえを感じることができた。本来は，大学内で修学・就労支援の両方を完結させることが理想的といえるかもしれない。しかし本プログラムを実施した関西学院大学においては，必要十分な就労支援を提供できない現状があった。特に就労支援に欠かすことのできない各企業の情報収集，インターンシップ先の企業との調整，個々の学生の特性に応じた支援プログラムの組み立て等は，学内のわずかな支援者だけでは，到底実施することができなかったと考えられる。そこに，外部支援機関であるすいせいと連携をしたことで，これらの点を解消することができた。一方，学内実習の実施や学生・保護者との調整に関しては，大学側が担うことでスムーズに進められたと考えられる。大学と支援機関がそれぞれの強みを活かした役割分担をすることで，よりきめ細やかな質の高い支援を提供することが可能となった。そして，大学が支援機関を紹介するだけではなく，業務契約を交わすという形で実際的な連携をすることで，担当者間で常に情報共有をしながら支援を進めることができた。これにより，プログラム実施時のみならず，プログラム終了後や学生の就労後も，切れ目のない支援の提供が可能になったと考えられる。

　次の段階としては，これらのプログラムを基に，より効果的かつ効率的な支援を幅広く実施していくことが望まれる。発達障害学生への就労支援のニーズは増加の一途を辿ると考えられるが，今後は大学と支援機関だけでなく，企業も含めた複数の機関の連携が促進され，学生が社会にシームレスに移行するための一助となるような社会資源が必要不可欠であると考えている。資金面や人員面での課題は残るものの，発達障害学生の就労支援体制の確立に向け，今後も新たな取り組みを実施し，発信していきたい。

第6章

ディスレクシアへの就労支援
——自分らしく継続して働くために

藤堂栄子

1 はじめに

　ディスレクシアの就労支援というのは，いわゆる「発達障害」への支援と多少異なる。それだけ発達障害の概念が虹のように包括的で区切りが見えないスペクトラムであるからだろう。

　ここでは，ディスレクシアという，発達障害という広い概念の中のLD（学習障害）の中の，さらに読み書きに特化した困難さが主訴である場合について述べたい。最近よく，高学歴で勉強はできてしまうけれど，会社に入ってから問題が顕著化して人間関係などで心身ともに辛くなる成人した発達障害の方たちのことが取り上げられるようになっている。ディスレクシアの場合は社会性や行動上の問題は少ないが，学校の勉強や仕事を遂行する上で日本では不可欠とされる学習や事務能力のうち読み書きが困難である。

　筆者が代表を務めるNPO法人エッジ（以下エッジ）では，いわゆる就労支援はしていない。今でこそ，福祉の支援区分で「読み書きの困難さ」という項目が挙げられるようになったが，ディスレクシアだけではまず福祉の俎上に乗ることは少ないので，本人が自分を理解し，自分の得意なことや好きなことに目覚め，不得意な部分をどのように補うのかを知り，それを伝えられるようにエンパワメントをしているだけである。

　福祉の俎上に乗らない理由はいくつかあり，その一つに，ディスレクシアのアセスメントが確立していない（子ども用のアセスメントさえ，まだ統一されたものがない）ことがある。自分を「ディスレクシアでないだろうか」と思う成人がいても，企業や福祉サービスに対して「自分にはこのような特徴があるので，このような支援をして欲しい」と伝えたり，支援者からアドバイスを受

けたりするための基になるアセスメントや検査などが不在である。

　理由のもう一つは，本人もそうとは気づかずに就労まで来てしまうことが往々にしてあるからである。ディスレクシアの場合，知的に低いわけでもないし，社会性も行動面も大きな問題が表に出てこない。そのため，その特徴が見過ごされたまま成人して仕事に就くこともある。

　また，自分で書物などを読みディスレクシアを疑っても，精神科に通い，診断を受けることに抵抗感を持つ人は多い。さらに診断が出たとしても，合理的配慮を受けることに違和感を覚える人もいる。そもそも福祉機関のサービス窓口に，ディスレクシアの人が抱える困難や適切な支援のあり方について理解している人材をそろえている所がどの程度あるだろうか？

　福祉につながる前にできることも多くある。エッジでは，主に福祉につながる前の準備や福祉を通さずに直接企業などへ折衝をする際の準備までの支援をしている。いや，支援であるかも疑わしいくらい，本人たちが「これでやってみよう」という気になるまでの器くらいの役割と心得ている。すなわち，就労支援の中でもレディネス（準備）というところまでの伴走であり，実際に仕事場を見つけてくるのは本人であったり，ハローワークであったり，この活動を通じて巡り会った方たちであったりする。

2 成人ディスレクシアの会「DX会」

　エッジでは10年以上にわたり2か月に一回，「DX会」という，成人のディスレクシアの人たちのための会を開催している。DX会はもともと英国にあるADO（Adult Dyslexia Organization）に触発されて開催するようになった。現在DX会のメンバーは全員仕事に就いており，自分らしくいきいきと就労を継続していて，また仕事以外の時間も充実している。

　エッジがDX会のメンバーに行っている支援は，メンバーが自分の得意な部分と苦手な部分を知り，それをどのように対応するのかについて，ワークショップや会での仲間たちとの交流を通して自覚していく手伝いである。この5年ほどの活動の中で就労に関するワークショップなどを重ねた結果，全員が転職なり起業なり就業をして，その後も継続し，比較的満足して働いている。

DX会の活動や個別の相談，インターンを通して参加者それぞれが「自分を知る」「何をやりたかったかに向き合う」「考えていることを言葉や絵などにして表現する」ことにより自信を持ち，自立できるようになっている。

　エンパワメントの枠組みとしては，エッジでインターンとして働く，DX会に参加して働いている先輩たち（年上とは限らない）から学ぶ，エッジを通していろいろな考え方や自分のことを知り，どのように対応したらよいかを学ぶ，といったものがある。ほとんどが少し時間をかけてではあるが，初めのきっかけを用意すれば，自分で職場を開拓して仕事場を見つけている。また就労後も働く上での困難さがあった場合はエッジからアドバイスを行ったり，DX会の参加者みんなで考えたりすることもある。

　現在仕事をしている多くの人たちは，教師も保護者も本人も子どものころにディスレクシアであることに気づかないまま成人している。エッジでも成人して，関連書籍やテレビ番組を見て，もしかしたら自分もディスレクシアなのではないかと考える人たちからの相談が増加しているし，DX会への参加も増えてきている。

　今就労をしているディスレクシアの人たちは，小学生から専門学校や大学まで自分でも気づかず，周りからも気づかれずに来た人たちである。国語や英語の苦手感があっても，どうにか得意な分野で切り抜けてきたが，実際に仕事をすると事務的な作業で間違ったり，報告書が書けないなどの支障が出たり，理解が得られなかったりして苦しくなってエッジにつながっている人たちである。

　普段のDX会では，自分について絵を描くことから始まり，それをもとにした自己紹介をする。そしてあるアイディアについて二手に分かれてその実現に向けてのブレーンストーミングなどもしている。

　過去に4年ほど就労についてのワークショップを行った。初めの2年は定期的にプログラムを組んで就労するまでをテーマにワークショップを行った。後半の2年は就労支援をしている人たちの人材育成という形で，実際に企業に売り込むことや企業とのマッチング，入社してから必要な支援などとテーマに行った。これらのセッションがディスレクシアのある本人たちの自立，自己認知，セルフアドボカシーなどに大変役立っている。

3 就労ワークショップ

初めのワークショップは下記のような内容であった。

「自分を知る」,「自分が一番楽しかった時について述べる」,「相手の話を聞いて人に伝える」,「模擬面接－企業の人たちに聞く」,「AT（Assistive Technology）の活用」,「起業している人たちの話」,「ADOの人たちと情報交換」,「履歴書の書き方（PCでマスターを作っておく）」,「社会の仕組み（確定申告，社会保険など）」,「ケーススタディ」。

これらを通して分かったことは，企業の言い分，社会の仕組み，自分の得意な部分をどう伝えるか，自分はどうしたら本領を発揮できるか，どんな方法で困難さを補うか，職場にどう伝えるかなどである。

その際，ワークショップ参加者へのヒアリングを通して分かってきた仕事上の困難さとは下記のようなものである。

①履歴書を完成するのに時間がかかり，または内容を間違える。
②資格が取りづらい（実技や知識はあっても筆記試験で資格が取れない）。
③小さい時の失敗経験から「どうせだめだ」というあきらめを学んでしまっていたり，効率の良い学び方を身につけてこられなかったことから，本来の能力が十分に活かされていない。
④本人に自覚がないため，時間を間違える，行き先を間違える，大量のミスコピーをする等の初歩的な仕事上のポカを犯している。
⑤議事録，営業報告，引き継ぎ書や注文書，宛先などを書くときにミスや間違いを重ねて，落ち込んでしまう。

4 転職の背景にあるもの

転職の理由，前職を辞めた理由を聞いたところ，いくつか傾向が見えた。自分から辞める場合も，退職を余儀なくされる場合もあるが，社会情勢や不可抗力で転職した以外に，ディスレクシアならではの理由もある。

一つは，自分がやりたい分野や得意な分野と反対の分野の企業に入ってしま

うことがある。これは，保護者や教師が本人の実力を見誤り，安定を求めて，世間体で就労先を見つけてきた場合に起きる。

もう一つは，本人が困難さを自覚していないケースだ。本人は頑張ればどうにかできると思い込んでいて，会社にうまく自分を売り込み，事務能力はそれほどでもないのに語学力や愛想のよさで雇われるが，入って仕事を始めるとボロが出る。辞めてもまた同じようなことを繰り返し，悪循環が生まれる。

他にも，建築，介護，学習支援など，その仕事をする技能は備わっているが，事務処理ができないため，雇った時の担当者は理解していたとしても，中間管理職の人たちに理解されず，職場にいることがつらくなるケースもある。

自分の特徴などのことを雇用先に伝えて就職した場合の方が満足度は高いのだが，職場の全員がその困難さに対しての対応や配慮を理解していないと，かえって嫉妬の対象となり，その会社に居づらくなるということもある。

5 継続して働くために

就労支援を考えるうえで大切なことはいくつかある。2015年3月に障害者職業総合センターから出された「発達障害者の職業生活への満足度と職場の実態に関する調査研究」からは，継続して高い満足度の中で継続して働くためには，知的レベル，発達障害の中の種別，経済状況はさておき，次の4点が関係していることが見えてくる。

(1) 自分の困難さを自覚して伝えている

己を知ること（自己理解）の大切さはよく言われるが，外見からでは何が問題か周りも自分も分からない中で突き付けられる現実は「努力が結果と結びつかない」ということである。「告知」という言葉はとても重いし，障害という「言葉」も親子どちらにとっても重い。生まれ持っての機能の問題で治らないが，かといって悪くなるものでもなく，本人の努力不足でもなければ親の育て方のせいでもないということを分かった上で，できること，好きなこと，得意なこと，興味のあることを軸に，どうしても困難な部分に関しては補う方法や助けを求めること，得意な人と組むことなどができるようになっていたい。

また困難さのアピールだけではなく，ぜひ自分の得意部分をアピールできるようにしたいのだが，子どもの頃から，けなされたことはあっても褒められた経験が少ないと，何を得意部分と言っていいのか戸惑ってしまう人もいる。
　企業にとっても，無理してなんでもできるというのではなくて，何ができるのか，自分がこの企業で何をしたいのか，また困難さは何なのか，その困難さはどのようにして軽減できるのかをはじめにきちんと分かっていた方が，雇ってから期待外れになって関係が悪くなってしまうような事態が避けられるし，企業も受け入れの態勢を立てることができる。
　ディスレクシアの人の多くは自分の読み書きの困難さを理解しても，また工夫をして補っていたとしても，それを人に，ましてやこれから就労しようとしている企業に伝えることができないことが多い。自分の凸凹を自覚し，どのように社会生活をこなすかを知っていて，それを伝えられるようになると，いきいきと仕事に取り組めるようになる。
　レジリエンスと言われる力も求められる。DX会の仲間たちも専門性を請われて働いていたのに所属部署がなくなったり，会社の都合で解雇になったり，勤めていたところが倒産して仕事を続けられない状況になったり，手帳を取得して障害者雇用枠での就労を考え企業説明会に出たものの知的障害者向けの仕事しか案内されなかったりなど，自己の障害ゆえというよりは社会の不可抗力で色々大変な出来事に遭遇している。しかし，そんな絶体絶命の状況に陥っても，どうにか切り抜けて新しい職場を見つけて生き抜いている。

（2）やりたい仕事であること

　夢は持ち続け，リミッターをかけないことが大切である。同時に保護者や支援者は子どもの将来について現実的に対応する必要がある。高望みや安定を求めてレールを敷くことは現実的ではない。
　これらはディスレクシアがあろうがなかろうが大切なことである。そして，自分が好きと思える仕事に就いて，継続して働くための秘訣でもある。
　一方で，子どもの時からキャリアにつながる教育が大切になる。これは物心がつく2,3歳から始めても早すぎることはないと思う。人の役に立った時に感謝される，興味のあることに没頭できる，といったことは，人生のごく初期か

ら手掛けられる効果的なキャリア教育だと思う。「ソーシャルスキルよりはライフスキル」と言われるようになって久しいが，同時にスタディスキルを小さい内から身につけることが望ましい。違う学び方を選択できることや情報へのアクセスの方法が選べると，本人にかかる負担が相当軽減できるし，クリエイティブな仕事や農業や漁業など本人たちが得意とする分野につながる学習にも集中できる。読み書きが困難であっても音声で聞いて分かるのであれば，たとえ漢字などの音読がスラスラできなかったとしても，音声で意味と形がつながり，文脈で読解することができる。そうすることで，読むことにかかっていた時間や労力やお金をやりたいことや好きなことに振り分けることができるし，本人にとっても幸せなことだと思う。

　ディスレクシアに関しては，読み書きという不得意な部分，つまり能力の凸凹の凹に特化して平均並みにさせようと指導するよりも，凸の部分をいかに活かすかに注目するべきだと思う。そうやって育った人は大人になっても仕事を見つけやすい。少なくとも子どもの頃に芽（凸の部分）を摘まれずに大人になっている人は，就労や継続して働くことにつながっていることが多い。

(3) 仕事の他に充実した時間がある

　DX会はいわゆる余暇の一つである。筆者個人は「余った暇」という考え方はあまり好きではなく，楽しみ，ヴァカンス，レクリエーション（英語の本来の意味の「再生」）と捉えたい。参加者によれば，DX会は気を使わずに済み，話が弾む仲間のいる場である。ルールは限りなく緩く，ゆったりと進む。最近はそれぞれの趣味を活かして順番に幹事になり活動を決めている。例えば野外でザリガニ釣り，植物園散策，落語鑑賞などを行っている。ある調査では継続して働くための要件の一つに仕事以外の活動の充実が挙げられている。DX会ではそういう意味での支援もできているのかもしれない。

(4) 周りの人が理解をしてくれている

　障害者差別解消法の施行以降は「合理的な配慮」が就労の場でも必須になるが，ディスレクシアの人に対しての「合理的な配慮」は，おそらく日本ではなかなか行き渡らないだろう。制度の問題というよりはこれまでの日本の働き方

の問題が大きいと筆者は考える。自分のペースが守られ，居心地の良い環境であれば本来の能力を発揮できるのにもかかわらず，それはわがままと受け止められる。また，年功序列の社会ではいくら技術があっても生意気だと目を付けられるなど，本人に適した仕事をする環境が整わないことも多い。

職場に自分で訴えるだけのセルフアドボカシーの力をつけることと，職場に環境調整を申し出る手伝いはエッジでもできる支援である。

自分がディスレクシアとは知らないまま就労したり，知っていても公表しないで就労したりすること，これが一番本人を苦しめることになる。発達障害であることを公表していないということは何ができないのか，どのような配慮をすればその仕事が遂行できるのかなどを何も伝えずに，企業が望む人物像を演じていることになるのだから。

6 おわりに

将来の話になるが，ディスレクシアにとっての朗報が舞い込んでいる。読み書きが中心の仕事は消えていく，つまり機械が代替できる仕事は人間のやる仕事として残らないという話である。それもあと10年も経てば先進国ではそのような状態になっていく。現在でもほとんどの読み書きの困難は他の方法で補える。機械の使用のほかに事務能力に長けている人と組んで仕事をすることなど，合理的配慮によって不便でさえもなくなっていく。

就労といっても子どものころからの夢や興味に関連する分野で，本来の能力を発揮してこそ本人の幸せと思える。今行われているキャリア教育以前になすべきこともあるのではないかと筆者は思う。

就労というと，企業や役所に入ることを考えられている人も多いと思うが，凸の部分がしっかりと育っていれば，起業だって夢ではない。夢どころか，そちらの方が向いているという人もいる。起業までいかなくても得意を活かしての自営業という道もある。筆者が知るだけでも，フリージャーナリスト，コンサルタント，コメンテーター，俳優，歌手，農業，家具職人などの分野で，その人らしく活躍しているディスレクシアの人は多い。これらの仕事は10年後，20年後もなくならない類の，機械ではできない仕事である。

第7章

高機能群の発達障害者の就労支援の課題

石井京子

1 はじめに

　民間企業で障害者の就職支援に携わる中で，2008年秋のリーマンショック以降，発達障害者の就労相談が増えてきた。当時から経済環境の大きな変化により職を失い，長期就労を希望して，特性を開示し障害者雇用枠での就労を考えた発達障害者が相談のために多く弊社に来社した。相談者の約9割は高学歴でアスペルガー症候群の診断を受けている。その中の一般就労経験者の多くは働き始めてから困難さを感じ，人間関係などで行き詰まった結果，二次障害の発症から発達障害が判明したケースが多い。また，大学にも発達障害の傾向のある学生が在籍し，彼らへの特別な支援が提供されるようになってきた。大学生活はなんとか過ごすことができても，就職活動を開始してから発達障害の特性に起因する困難を感じる学生は少なくない。

　2013年の障害者雇用率の1.8%から2.0%への引き上げ後，発達障害者の就職件数も増加しているが，発達障害へのすべての企業，すべての職場で進んでいるとはまだ言い難い。高機能群（知的に高い）の発達障害者は業務の能力はあっても，コミュニケーション等での行き違いが生じることや，特性ゆえの苦手さの部分が理解されにくい。コミュニケーション上の問題が発生すると，自ら解決する手段を持たないことで，職場での人間関係が悪化し，孤立や離職等の残念な結果に行きつくこともある。

　本章では高機能群の発達障害者の現状を就職支援の視点から事例を交えて報告する。

2 新卒学生への就職支援

　相談に来社する高機能群の発達障害のある学生は，必ずしも皆が障害者手帳を取得している訳ではない。自分の特性を受け入れても一般就労を諦めきれないでいることが多い。相談では一般就労でやっていけるのか，それとも何らかの配慮が欲しいのかを話し合いながら，障害者雇用枠での就労を説明し，本人の決断を待つ。障害者雇用枠での応募を選択肢に加える場合は手帳取得など個々の準備を進める。障害者雇用枠とはいえ就職活動の準備は一般就労の場合と大差がないが，発達障害の大学生の就職活動がうまくいかない原因は，先の見通しが持てないことによる準備不足であることが多い。発達障害のある大学生が在学中に利用できる唯一の行政サービスは障害の有無に関わらず利用できる新卒応援ハローワークであるが，卒業・修了年次の在学生（大学，大学院，短期大学，高等専門学校，専修学校）しか利用できない。そのため，社会に出るための心構えとしての準備期間が必要な学生には，卒業後の職業訓練の受講や就労移行支援事業所の利用を案内することも多い。発達障害者の支援の実績を多く持つ就労移行支援事業所が出現してきているが，発達障害者にとって，職場と同じような環境で，実務に近い内容が経験できることの意味は大きい。

（1）大学生活での困難

　発達障害のある大学生は，キャンパス内の移動や，授業ごとに変わる教室と座席に戸惑う場合が少なくない。大勢が受講する授業では集中することができず，早口で講義されると理解できずにノートが取れない学生もいる。履修計画の作成が困難だったり，好きな科目だけ履修してしまい，履修科目の偏りが出るほか，ぎりぎりの単位数しか履修登録せず，単位を落とした結果，留年になってしまった学生もいる。期限までに課題やレポートを完成して提出できないことも多い。その中で高機能群の学生の場合は履修や提出物の問題は少なく，むしろ対人関係，振る舞いが表に出る演習や実技で問題が生じやすい。器用さが必要な実験やグループワークがうまくできないほか，自己表現が必要なプレゼンテーションもうまくこなせないことがある。外部での実習，教育実習なども環境が異なるため困難を極める。卒業論文（卒論）のテーマの決定や，自分で計

画を立て，調べ，書くことができない学生もいる。指導してくれる教員やゼミのメンバーとのコミュニケーションがうまく取れないことで卒論作成が遅れる例もある。卒論の準備の遅れを指導教官から厳しく注意され，うつ症状になったという学生もいた。

　就職活動は大学生活と並行して行わなければならないうえ，短期間に集中し，膨大な情報の中から応募企業を選択しなければならないため，発達障害のある学生にとって苦手な行動を求められる。正解と不正解がはっきりしている筆記試験では好成績を収めた知的に高い学生も，いざ就職活動となると正解がわからず戸惑うことになる。一般の学生並みに就職活動を行うものの面接の不合格通知が続いて心が折れ，気持ちが落ち込む日々が続き，適応障害と診断されるケースが多い。学生相談室や学内のカウンセラーとの面談により，発達障害の可能性があるのではないかとアドバイスされ，自らの特徴が当てはまることを知り，発達障害を認識する学生もいる。

(2) 職業選択における課題

　周囲の学生が就職活動を始めても「やりたい仕事がわからない」「興味を持てる会社がない」「どの会社も同じようで選ぶことができない」と進路選択に悩む学生は多い。発達障害の特徴の一つとして"想像力の欠如"がある。世の中にはどんな仕事があるのかはもちろん，自分が仕事をしているイメージを持つことができないために，十分な就職活動を行うことなく卒業の日を迎えてしまった学生も少なくない。そこで，就職活動を開始したばかりの学生には働くイメージを持ってもらうために，企業見学やアルバイト，ボランティア経験，インターン経験をすることを勧めている。

　一方で，自分の好きなことへのこだわりから，例えば鉄道好きの学生は鉄道会社への入社を希望し，他の業種には見向きもせず，自ら可能性を狭めている場合もある。こだわりのある学生に多様な選択肢を持ってもらうためには，職種の実情や適性について早くから時間をかけて話し合っていく必要がある。

(3) 自己PR

　昨今の新卒の就職活動では企業がコミュニケーション能力やチームワークな

どの資質を重視するので，発達障害のある学生が内定を取ることは簡単ではない。グループワークでは，「場の空気を読み，周囲の性格を把握し，自分の立ち位置を決められるか？」という発達障害者に最も苦手なことが求められる。発達障害のある学生は大学の就職ガイダンスに参加して，コミュニケーションが重視されていることを知り，自分にはPRできるものがないと思い悩む。一般的にエントリーシートには，自己PRとして部活動やサークル活動あるいはアルバイト経験などを記載する。しかし，いずれの経験も持たない発達障害のある学生の場合は，記載する内容がないと，エントリーシートが作成できないまま時間が経過し，応募というアクションに至らないことがある。アルバイト経験があっても，本人が失敗経験と認識している場合は自己PRとして記載することができない。

　個別の就職支援では，これまでの自分のエピソード等の棚卸しを行い，自分の強み，弱みを理解し，エントリーシートに記載する材料を一緒に探す。本人が納得する材料が見つかると，自分の伝えたいことを自分の言葉で準備してもらう。また，面接などに向けて相手と自分の視点の違いや会話の流れを認識してもらい，なぜそうすることが必要なのかを解説しながら，どのように対応するのがよいのかを一緒に考える。他者の視点を知ることは実際の職場の場面でも活かされるに違いない。発達障害のある学生の就職活動では，些細なことでつまずいている学生が多い。一方で，具体的にどのような準備をすればよいかさえわかれば，就職活動をこなせる学生も多い。就職活動の壁を乗り越え，その後も努力しながら就業を継続している学生は少なくないと感じる。

●事例１：自己PRの作成に悩むAさん（大学生，アスペルガー症候群）の場合
　３年生の夏休みに相談のため来社したAさんの悩みは自己PRが書けないことであった。部活動の経験がなく，家庭教師のアルバイトに応募するも面接で不合格となった。そこで，ある地域の防災イベントの１日ボランティア募集に参加することを勧めたところ，事前の打ち合わせも含め，無事にボランティアを務め，その経験を自己PRとしてエントリーシートに記載することができた。Aさんは障害を開示することなく，一般就労の就職活動を行い，最初こそ準備不足が認められたが，面接のふりかえりを行ううちに次第に面接のコツがわか

るようになり，卒業前に内定を得て，正社員として就業継続している。

（4）面接での課題

　発達障害者の中には服装や身だしなみに無頓着な人がいる。また，視線を合わせるのが苦手であったり，質問に正確に答えなくてはと考え，細かく説明する傾向がある。例えば面接官が大体の通勤時間を聞くために「今日はここまでどうやってきましたか？」と質問したら，「朝8時38分に家を出て，○○線○○駅より8時53分の準急に乗りました。9時17分に○○駅で○○行の各駅停車に乗り換えました」といった具合に事実を細かく告げる発達障害者も少なくない。特性である「つい細かく長々と話してしまう」，自分の関心のあることを「エンドレスに質問してしまう」などのその場に即応しない対応は不合格に結びつきやすい。

　知的に高いアスペルガー症候群の人は，言語能力に遅れはなく，自分の意を伝え，面接官の話の内容も理解することができる。しかし，自分の発言を相手がどう読み取るかという部分に弱さがあり，相手の反応に応じて自分で対応を調整していくことができないので，面接で苦戦することになる。

（5）他者の視点

●事例2：面接に臨んだBさん（大学生，アスペルガー症候群）の場合

　面接会の当日，風邪をひいていたBさんはマスクを着用したまま面接に臨んだ。風邪をひいているので申し訳ないと面接官に断ったから，マスク着用は問題ないと本人は考え，面接官の受け取り方に気付くことができなかった。

●事例3：履歴書を簡潔にまとめられないCさん（大学院生，アスペルガー症候群）の場合

　発達障害のある学生は，正確さへのこだわりが強く，すべてを記載しなければならないと考え，履歴書を簡潔に記述することができない。公務員試験で筆記試験には合格しても，面接ですべて不合格であったCさんは，事務職に応募した。業務上で運転をする必要はないが，履歴書の資格欄への運転免許の記載の後に服薬中の薬のため運転はできないとカッコ書きで追記していた。また，

実務に関係のない趣味の分野に至るまで数多くの資格を記載していた。そこで，履歴書の意図と目的を説明し，業務に必要な資格だけの記載でよいとアドバイスを行った結果，簡潔な履歴書になった（図7-1）。

3 就労経験者への支援

（1）ジョブマッチング

発達障害者は転職回数が多いと言われている。一般就労を経験した場合，最初の職業選択でのミスマッチが見受けられ，発達障害の特性に合わないと思われる仕事に就いていることが多い。マルチタスクが要求される行動管理や，店

○最初の記載内容
【免許・資格】

平成○年○月	実用英語技能検定2級
平成○年○月	日本語漢字能力検定2級
平成○年○月	普通自動車第一種運転免許 （但し，服薬の都合上現在運転はできない。）
平成○年○月	TOEIC　スコア660 （但し，現在はスコアの有効期限は切れている。）
平成○年○月	京都きものコンサルタント協会　きもの着付け1級師範
平成○年○月	秘書技能検定　準1級
平成○年○月	茶道表千家白流　準師範免許 なお，現在，日商簿記検定試験3級の取得を目指して勉強中。

○修正後
【免許・資格】

平成○年○月	実用英語技能検定2級
平成○年○月	日本語漢字能力検定2級
平成○年○月	普通自動車第一種運転免許
平成○年○月	TOEIC　スコア660
平成○年○月	秘書技能検定　準1級

図7-1　Cさんの履歴書

表7-1　高機能群の発達障害者が比較的長い継続を示す就業例

経理事務，経理事務補助（経費精算業務，帳票の処理，照合業務）
給与計算業務，社会保険手続き，一般事務（電話対応，資料作成，ファイリング等），
総務事務（見学者対応，社員証作成，備品管理，DM作成・発送）
貿易事務，翻訳業務，製品仕様書作成
図書館業務，メール室業務
プログラミング，ソフトウェア検証業務，システム運用サポート
Webデザイン

舗やコンビニでレジ操作をしながらの顧客対応は，発達障害者にとってハードルが高い。また，ホテルのフロントや看護師，介護福祉士などの対人援助職などに就き，コミュニケーションと臨機応変な対応を求められるも，その困難さから転職を余儀なくされた人は多い。職業選択では，自分の特性を理解したうえでのジョブマッチングが重要である（表7-1）。一般就労経験者の中では発達障害の診断を受け，自己の特性を理解した結果，今までのような働き方（環境，職務内容）が困難であることを自覚し，配慮を得て長く働きたいと願って，障害者雇用枠での就労を目指す人が増えてきた。こうした人たちの場合，業務に対する能力はあっても，環境や立場の変化や業務遂行上の問題で離職せざるを得なかったケースが多い。これらの問題が発生したときに離職につながりやすいのは，発達障害者が解決の術を持たないからである。一般就労の職場で人間関係の問題を抱え，あるいは孤立し，就業継続ができなかった発達障害者は自分の特性と向かい合い，発達障害の診断を受け，障害者手帳を取得して障害者採用を目指すことになる。障害者雇用枠の面接では，一般枠の面接と同様に自分の持つ能力をアピールし，自分の障害について説明することと，欲しい配慮を具体的に伝えることが必要である。

（2）就職・就労継続を妨げる原因

　障害者雇用枠で就業開始した発達障害者の全てが安定就労しているとは言えない。一つは体力の問題で，感覚過敏などにより常にストレスフルな状態が体

力に影響して疲れやすい。また、季節の変化のある時期に体調を崩す人や、台風の接近による気圧の変化からひどい頭痛に悩まされる人もいる。女性では毎月の体調の変化の影響も大きいほか、冬には過眠過食になる人もいる。これらの体調の問題は多様な働き方の検討も含め、今後さらに理解されていかなければならないし、体力のない人のための短時間就労も検討されなくてはならない。

　もう一つの課題は不安になりやすいということである。高機能群の発達障害者の場合は試験の成績がよく、進学校から難関の大学へ進学し、失敗体験がない。一般の就職活動で50社〜60社受けることは珍しいことではないが、発達障害のある学生は不合格が10社以上続くと気持ちが折れ、うつ症状になり適応障害等と診断されることがある。中にはその時点で就職活動を諦めてしまう学生もいる。自分の進路が決まらないことは、その特性ゆえに先の見通しが持ちにくい発達障害の学生にとっては特につらい時期であるが、それを乗り越えないと社会人としてのスタートができない。実際に就労開始してからも失敗はつきものである。自分の不安な気持ちをコントロールしながら、失敗を成長のための必要な過程として前向きに受け止められるかが重要である。また、万人と同様、発達障害者にとっても就職はゴールではなく、スタートであることを忘れてはならない。

（3）職場で必要なスキル

　高機能群の発達障害者は学習能力が高いので、習ったことは確実にできる。しかし、先の見通しが持てないことが多いので、自ら考えて動くのは難しく、言われたことしかできないと思われがちである。調整や交渉は最も不向きな業務である。早いうちに全体の流れを説明すると自分の業務との関わりの把握に有効である。発達障害者の中には業務の進め方についてわからないことがあると周囲の人たちを質問攻めにする人がいる反面、質問できずにいる人もいる。また、優先順位をつけることや、仕事の方向性の確認も苦手であるため、慣れないうちは上司が進捗状況を確認し、適宜アドバイスや指示を行う必要がある。

（4）定期面談とフィードバック

　就業開始後、上司あるいは人事担当者が定期的に障害のある社員と面談を行

い，定着状況を確認する。さまざまな不安を抱え，自分の想いを伝えることができる面談の機会を待ちわびている発達障害者は多い。人事担当者が丁寧に話を聞き，疑問に思っている点や不安に感じていることに対して説明することで，問題が解消されることが多い。さらに忘れてならないのはできていることのフィードバックである。傍目からは何の問題もなく仕事ができているように見えても，自分はどのくらい仕事ができているのかと不安に思っている発達障害者は少なくない。できていることをフィードバックすると安心し，次の具体的な目標を与えることで目標に向けて頑張ろうとモチベーションがアップする。

4 おわりに

高機能群の発達障害者は業務そのものの能力は持っていても，身体感覚や体力の問題を抱えている人が少なくない。あるいは職場で不安を抱えていても，それを表出できずにいることが多い。本人が困りごとを自ら相談できないならば，代弁者が必要となる。昨今採用にあたり，支援機関等に登録し，支援者を決めておくことを奨励する企業が増えてきた。高機能群の発達障害者にとっては，特に問題がなくとも定期的に職場を訪問する支援者に話を聞いてもらうことで日頃の不安が解消でき，ひいては安定就労につながる。また，職場では話しにくいことも第三者なら相談しやすいだろうという配慮もあるが，企業は仕事の相談とプライベートな相談を切り分けたいという考えもある。今後の発達障害者の職場定着には，発達障害に関するより広く深い理解を有する人材が欠かせない。社内外に理解者が増え，多くの人たちの支援が発達障害者の就業継続を支え，得意な能力を活かし安定就労を継続していくことを期待する。

【引用・参考文献】
石井京子（2013）．人事担当者のための 発達障害の人の面接・採用マニュアル．弘文堂．pp.84-85.
石井京子（2014）．発達障害の人の就労支援－民間企業の立場から－．LD研究, 23(4), 439-440.

第8章

民間企業の立場から考える発達障害の人の就労支援

長嶋龍平

1 企業で働くには社会性が必要

「ばかもん！　何やってるんだ。今何時だと思ってるんだ！」
「はい。遅刻してすみませーん。えぇっと，今，9時15分だと思います」
「時間を聞いてるんじゃない！　とっとと仕事に取り掛かれ！」

これは，私が30年以上も前の別の会社のときのことであるが，部下との朝のやり取りである。

この部下は20代の半ばだったが，少しお腹も出て鈍重な感じであった。与えられた仕事はきちんとこなすのだが，少し怠け癖があり，口だけは達者で言い訳するけれど，すぐにばれるような嘘をついたり，叱られてもケロリとして愛嬌もあって，なんだか憎めない子どものようであった。

今なら恐らくアスペルガー症候群とか広汎性発達障害という診断をされるかもしれないが，当時は障害のことなど知る由もなかった。今の私なら指導の仕方も違っていると思うが，職場に適応している好事例である。

もう一つ事例を紹介したい。4年ほど前のことだが，ある就労支援センターからの依頼で，発達障害の人たちに就労について話をする機会があった。その中の一人が，鉄道会社での勤務経験のある50代の男性だったが，ずいぶんいじめにあったとかで，通所はするものの殻を作って人との接触を断ち，何を話しかけても一切受け付けず，睨みつけるような目の奥には怒りと憎しみをも感じさせるような印象であった。「ああ，これではどこに行っても就労は難しいな」と正直思った。障害のあるなしにかかわらず，企業で働くからには「社会性」がなければ受け入れられない。企業は人の集まりであり，組織で活動する以上

は人と人との協調性やコミュニケーション能力は必須であり，採用の最低条件となる。

私はこれまで長く採用を担当してきたが，面接の時に経歴や趣味などの質問をしながら，この人は皆と協調できるだろうかといつも自問自答していた。現在の富士ソフト企画に就任してからも，立派に自立している社員は多いものの，一部社員の中にはやはり「社会性」に気になる点が散見された。

「社会性」と言っても幅が広過ぎて簡単に説明できないが，一つには毎日の規則正しい生活習慣があり，人との関係性で必要な態度，言葉遣いや身だしなみがあり，ほかにも礼儀やしきたり，一般常識など，私たちも知らないこともたくさんあるし，知っていても身に付けられていないものまで限りがない。

最初に断っておくが，「社会性」が必要なのは働くためだけではない。私たちが社会で生きて行くためには必須の知識，能力であり，それは退職後も，更には老後についても視野に入れておかなければならないと思う。

私は就任後，幹部社員と障害者の社員とのやり取りを見て，いつも気になっていたことがある。それは，間違った言葉遣いや言い回し，態度，行動に対して誰も注意したり教えたりしていないことだった。障害者に関わってきたベテラン幹部社員の多くは，障害だから仕方ないとか，できないことをさせるのは不憫だとか，それが配慮と言わんばかりであった。

確かに教え方は難しい。精神障害者の中には「怒られた」「咎められた」と，精神的に落ち込む場合もあるので，見て見ぬふりをする幹部社員も多かったと思う。しかし私は，常日頃から幹部社員は手本として行動し，部下たちを指導するよう要求してきた。問題は障害があることではなく，人との接し方が不慣れなために態度がぎこちなかったり，知らずに失礼な行動になってしまったりすることなのである。

怯えた目で人を見ると，相手を拒絶し，まるで睨みつけているように見える場合もあるし，気づかずに挨拶をしなかったりすれば，人を無視しバカにした態度にとられることもある。言葉遣いもそうだが，ぼそぼそと聞き取りにくい話しぶりなどは，相手にイライラ感を誘発してしまう。実に些細なことで人付き合いが苦手になり，いきおいそれを避けているうちにますます人付き合いができなくなっていくものである。

失敗をして叱られた経験が多いと，どうしても腰が引けるし，行動に移せなくなるものだし，そんな不安を感じながらやることは上手くいかないことが多い。特に発達障害の人たちの多くは，善悪やルール，マナーなどは良く理解しているが，実行に移せていないことが目立つ。それはどうすべきかを体験的に習得していないかのようである。

　だから，日々の業務の中に「社会性」を取り入れた指導をしたらいいと思う。会社がそこまでやる必要はないと考える人もいるだろうが，その年になってからでは，なかなか家族や支援者では困難である。

　企業で働いてお金をいただくからには，規則を守り指示に従うことは当然であり，そうした強制力ある環境がなければ指導し習慣化させてゆくのは難しいものだ。何もしなければ失敗もないだろうが，仕事をすれば失敗もついて回る。失敗をしないように神経を使うのではなく，失敗した時の対処の仕方をたくさん身に付けることが大事だと思う。それが上手くできれば失敗は怖くない。そして，笑顔でお礼が言える人は誰からも好かれるものである。

　私の経験だが，敬語や丁寧語をある程度使えるようになった頃から対人関係の不安は和らいだし，謝り方，お詫びの仕方を何パターンか身に付けてからは，上司や社外の人とも落ち着いて話せるようになったものだ。社会性のない人は社会の中で孤立していく。障害の有無に限らず，私たちが社会で生きていくには必須のライフスキルである。

2　ライフスキルを身に付ける

　3年ほど前に，遅刻欠勤が頻繁になったT社員（当時29才）を直接指導したことがあった。T社員は，子どものころにADHDの診断を受けたことがあった。パソコンなどの知識に長けており大変詳しいのだが，落ち着きがなく居眠りも頻繁で仕事が定着しなかった。その頃グループホームに入居し始めてから，勤怠がルーズになったために，毎月定例のJOBサポート会議で問題提起されたものだ。

　本人に話を聞いたところ，夜遅くまでゲームをやっているため朝起きれずに遅刻と欠勤を繰り返していたとのこと。当時のカウンセラーと上司は，支援セ

ンターの支援員の方と，指導に手を焼いていたが，何度も本人と面談を繰り返し，夜遅くまでゲームをしないように言い聞かせたとか，大きな音のする目覚まし時計を買うことにしたなどと，とんちんかんなことを言っているので，私が介入することにした。

早速，T社員のグループホームに行き管理人の方に部屋を見せてもらった。

本人の部屋に行って私は唖然とした。散らかし放題で，いわゆるライフスキルが身についていないことが分かった。これはちょっと大変なことになるかもしれない。うっすらとそう感じた。管理人さんは大変協力的で，いつも朝起こしてくれたり部屋の掃除やゴミ出しなども指導してくれたりしていて，会社が介入することに大いに喜んでくれた。

T社員は読書もするし，よくよく話を聞けば常識なども知っているのだが，意志が弱く基本的な生活習慣も身についていないので，惰性に流されやすく，朝も眠ければ起きられないし，ゲームも夜遅くまでやってしまう。これは，まず基本的な生活習慣を身に付けさせ，それを実行させることを通じて社会人としての自覚を促し「意志」を強くする必要があると考えた。

まずは，部屋の片づけと掃除，これを徹底的に指導しようと思った。朝起きるだけのことなのに，なんで掃除や片づけなんかと思う人もいるだろうが，人間のあらゆることは「習慣化」することによって身に付く。つまり習慣が人をつくるのだ。

朝起きと寝ることは関連があり，起きる時間が定まれば，夜も眠くなるもの。そして顔を洗い，食事をし，歯を磨くことなどの一連の動作を生活習慣として確立することが体力をつける基本である。そして慣れないことを続けてやるためには，「意志の力」が必要だ。これを毎日続けることによって，意志を強くし生活リズムを習慣化させようというものである。

翌日，さっそくT社員の実家に電話して事情を説明し，T社員の父親に来てもらった。父親もよく承知しており，家では限界を感じている，と私の申し出に感謝してくれた。

私からT社員の父親にお願いしたことは，

①生活指導を会社にお願いする旨の「依頼状」を書いてもらうこと（T社員

の生活に入り込むわけなので親の同意も必要と考えた）
②収納家具を追加で購入してもらうこと（下着や靴下シャツなどを区分して収納する家具が足りなかった）
③T社員が実家に帰った時に，約束を守ったなどの良い点を見つけてほめること
④月に1度はグループホームを訪問して温かく見守ること

などであった。

子どものしつけも同じだが，できたことをほめてモチベーションを高めてやる周囲の協力は不可欠である。

その翌日，T社員を社長室に呼んで話をした。神妙な顔で入ってきたT社員は，緊張しながらも社長の話をきちんと聞く態度を見せた。

幸いだったのは，社長を畏敬する姿勢があり基本的な常識は身に付けていたことであった。繰り返しになるが，発達障害の人たちは，すべきこと・すべきでないことなど理解はできるのだが，どのように行動したらいいのか分からない。なので，上役やサポートをする立場の人間がきちんと教えてあげる必要があると思う。

私はT社員にゆっくりと「メモ」を見せながらこう言った。「君はこの1か月，15回も遅刻欠勤しているね。はっきり言って勤務不良社員です。もし，このままの状態が続くと……」

①勤務不良で会社をクビになる
②給料がもらえないのでお金がなくなる
③生活が苦しくなり好きなゲームも買えない
④グループホームもいられなくなる
⑤あいつはダメな奴だと友達もバカにする
⑥両親が泣いて悲しむ

「メモ」を見せながら内容を読み上げた。T社員の顔がゆがむ。そこで私は，

すかさず，T社員に次の「メモ」を見せた。

しかし，アドバイスを聞いて起きられるようになると……

①皆が「良くやった」と褒めてくれる
②両親が泣いて喜ぶ
③自立した大人に成長できる
④社会に役立つ立派な人になれる
⑤会社でも評価が良くなり給料も増える

T社員の口元に力がこもる。心が動いている。「なんとかしなきゃ」と思っている。そして，最後の「メモ」を見せながら，ゆっくりと私はこう言った。

「朝起きるのもコツを覚えれば誰でもできるようになりますが，努力して覚えたいと思いますか？」

そして，AとBのどちらを選択するかを尋ねた。

A. 今のままでよい。クビになっても仕方ない
B. アドバイスを受けてコツを身に付けたい。自立した大人になりたい

T社員はBの選択肢を選んだ。このように，穏やかに，ゆっくり考える時間を取りながら教えていけば理解できる。

結局，私はその日から掃除の指導に行くことになった。実は，幹部社員の一人に，毎日就業後に部屋の掃除を指導するように言ったのだが，「そんなこと毎日やってられませんよ」という。仕方ないので私がやることにした（なお，この内容は，「発達障害者のライフスキル支援」［監修・解説：梅永雄二／中島映像出版］というビデオに一部収録された）。

4月から5月の間に12回グループホームで掃除を教え，毎日社長室に呼び，7月までに合計39回指導した。T社員は，ぞうきんの持ち方，絞り方，床の拭き方も知らないようだったが，教えれば一つひとつ繰り返して，社長の指示に熱

心に取り組んだ。

　どんなことでも，最初から上手な人はいないし，何回も何回も繰り返すから，無意識に手が動くようにもなるものである。また，社長室での指導は，もっぱら服装，お辞儀，笑顔の挨拶など人との関わりで必要な態度，姿勢を考えさせ，その場で練習させた。

　何日もこうして接してゆくと，気持ちは通じてくるものである。徐々に受け答えの反応は良くなり，自分の意見も言うようになった。こうした指導の状況は，T社員の掃除をしている写真とともに，6回にわたり，T社員の父親に手紙を書いて送った。そのたびごとに彼の父親からもお礼の返事が来た。

　そろそろ終盤に近づいた6月の終わり，私は最後の仕上げとして，T社員にご褒美を与えることにした。それは，カラオケである。社長室で，趣味や好きなことについていろいろ話を聞いていたら，本人はカラオケが好きだという。一週間パーフェクトならカラオケにつれていくことを約束し，紆余曲折はあったが，それは現実のものとなった。

　こうして4か月間にわたりT社員を指導したが，振り返ってなぜこのようなことができたかといえば，T社員の持つ「素直さ」であり，本人に良くなりたいという「意志」があり，何よりも社会性を身に付けるための土台といえる，人に対する「愛着」が形成されていたからではなかったかと思う。「愛着とは，人と人との絆を結ぶ能力であり，人格の最も土台の部分を造っている」（岡田，2011）。

　人は人に対して興味を持ち，見たり触れたり真似をしたりして，人としての基本動作が習得されるものだが，愛着形成ができていないと人を極度に怖がったり無反応だったりして，学習に影響が出るものだと思う。冒頭の事例で紹介した50代の発達障害の人のように，殻を作って人間関係を拒否する姿勢では，私も手を出せなかっただろう。

3 なぜ働くのか

　人はなぜ働くのかといえば，お金を得て生活の基盤を築くだけでなく，働くことを通じて「人間的成長」を得られるからだと思う。会社は社会の縮図であ

る。老若男女様々な人がいる。組織に属するだけでも，世の中の一端を垣間見ることができるし，組織の中のルール，世の中の仕組みや常識，今の時代の動き，パソコンなどを使えば，最先端のテクノロジーに触れることもできる。

　アフター5での先輩や同僚との付き合いも，最も学ぶことの多いチャンスである。私は若い頃，酒は弱くて飲めなかったが，酒の席は大好きだった。先輩の誘いは断ったことがない。これほど間近に，世の中のことを知るチャンスはないからだ。趣味や遊びの話，恋愛の話，仕事の失敗談，先輩の人生観，いろんなことが聞ける。宴席での先輩の態度振る舞いを見て，上司との付き合い方を知り，礼儀マナーなどを身に付けることもできる。冠婚葬祭や，常識といわれるものも何が正解なのか迷うことも多い。そんな疑問をぶつけてみれば，そういう場合はああしたらいい，こうするもんだとか，ついでに悪いことさえ教えてくれる先輩もいる（笑）。

　どんな職場でも面倒見のいい人がいるし，ダメな上司もいれば，要領よく立ち回る人もいる。正直者が馬鹿を見る場面に出くわしたり，世の中が不公平なことや理不尽な現実を知るものだ。こうした職場における様々な体験は，自分自身の精神的成長の糧でもある。

　そして，知らなかったことを知った喜びや，できなかったことができた喜びは，自分の「成長」を実感させてくれるすばらしい体験である。

　あらゆることが学びであり，人は死ぬまで成長できるもの。

　職場というところは，修行の場であり学びの宝庫なのである。

【引用・参考文献】

岡田尊司（2011）．愛着障害―子ども時代を引きずる人々―．光文社新書．
岡田尊司（2012）．発達障害と呼ばないで．幻冬舎新書．

第9章

障害福祉サービスにおける就労支援の制度と実際

志賀利一

1 はじめに

(1) 背景

　本稿は，就労支援の制度，特に福祉施策，それも障害福祉サービスを中心とした制度の概要と課題について解説することを目的とする。これらは，一般に福祉的就労と呼ばれ，長い間，①平均工賃の低さ，②福祉から一般就労への移行率の低さ，③労働施策と福祉施策の分立といった問題を抱えてきている。一方，企業等における障害者雇用が増えると同時に，就労支援に対する新たなニーズと問題点も生まれている。

(2) 福祉的就労の歴史

　福祉的就労とは，頻繁に使われる用語であるが，明確な定義は存在しない。概ね福祉施策の下で就労の場を提供することを指し，企業等への雇用を短期間で実現することが難しい障害者等をその対象としている。企業等に雇用されることを一般就労，福祉施設等に通い働くことを福祉的就労と，対にして語られることが多い。福祉的就労の歴史は長く，戦前より，労災者や傷痍軍人等の援護を目的とした施設があった。以下には，発達障害者の支援に直接関係する，知的障害者を中心とした福祉的就労の起源と以降の歴史の流れを整理する。

　知的障害者の福祉的就労には，制度上2つの起源が存在する。1つは，「法内」の施設と呼ばれ，1964年の精神薄弱者福祉法改正により登場した知的障害者授産施設（法律名以外は精神薄弱を知的障害と表記する）のことである。1971年には，入所だけでなく通所授産施設の設置が可能となり，次第にその数が増

えていく。さらに，1985年には知的障害者福祉工場の制度も誕生した。もう1つは，精神薄弱者福祉法に記されていない，いわゆる「法外」の施設である。栃木県宇都宮市で中学校特殊学級を卒業した生徒に職業育成と自立更生を目指し，1952年に開所した「すぎの芽職業教室」が最初だと言われている。法的な根拠のない，保護者の手弁当あるいはボランティアの協力等で支えられた施設は，後に障害者の社会参加や働く権利，文化的な生活の権利が強調されると共に，小規模作業所や共同作業所と呼ばれるようになった。このような法外の施設は，1970年代から地方自治体が独自に助成制度を創設し，1977年には国の補助制度も開始され，全国に広がっていった。

　福祉的就労のニーズは，現在も年を追うごとに高まっている。2006年10月1日時点で，法内施設として知的障害者援護施設の入所・通所授産施設，小規模授産施設，福祉工場を合計すると，2,253施設，在所者数は78,685人であった（平成18年度社会福祉施設調査）。一方，法外施設の正確な統計数はないが，同時期，小規模作業所は，全国に約5,094施設存在していた（第33回社会保障審議会障害者部会資料：利用者は知的障害だけではない）。

　そして，2006年より施行された障害者自立支援法以降，福祉的就労とは，訓練等給付事業としての就労移行支援事業（以下，就労移行），就労継続支援事業A型（以下，就労継続A），就労継続支援事業B型（以下，就労継続B）を指すようになった。自立支援法以降，障害種別の事業体系はなくなった。同時に，知的障害のない発達障害者が多く利用するようになった。ちなみに，直近の福祉的就労の利用者数（2014年11月時点）は，就労移行（一般・養成含む）が28,808人，就労継続Aが44,410人，就労継続Bが189,972人で，合計263,190人である。

2　福祉的就労の3つの問題点

（1）平均工賃の低さ

　宅配便を全国に広げた元ヤマト運輸会長の小倉昌男の著書が，障害者の福祉的就労の工賃の低さをクローズアップし，積極的な改善策の必要性を訴える大

きなきっかけとなった（小倉，1999）。もちろん，著名な経営者が指摘する以前から，福祉的就労の工賃を上げる必要性が訴えられてきた。旧厚生省は，授産施設制度の今後の方向性として，経営感覚を高め生産性の向上と工賃の引き上げを図ると記している（厚生省，1992）。その中で，現状の問題点を「工賃が低いのは利用者の障害の故もあるにはあるが，経営理念，経営体質，障害者の能力や能力開発に対する理解と努力の不足など，主として経営管理面の弱さが要因であることが少なくない」と分析している。

　工賃額の向上を目指した取り組みの代表例が，2007年から開始された「工賃倍増5カ年計画」とその後3年間の「工賃向上計画」である。就労継続Bを中心に，民間企業等の技術，ノウハウ等を活用し，経営コンサルタントや企業OBの受け入れによる経営改善や企業経営感覚の醸成を図るとともに，一般企業と協力して商品開発や市場開拓等を行うことなど，官民一体となり，政府全体で工賃の向上に取り組むこととなった。さらに，最近は「市町村・地域レベルの連携体制を強化」「商工団体等と連携を重視した都道府県レベルの計画作成」も求められている。図9-1は，2006年から2013年までの，工賃倍増・向上計画対象施設の平均工賃の推移をまとめたものである。平均工賃は，毎年ゆるやかに上昇傾向にあり，2011年度以降そのカーブがやや急になっている。しかし，

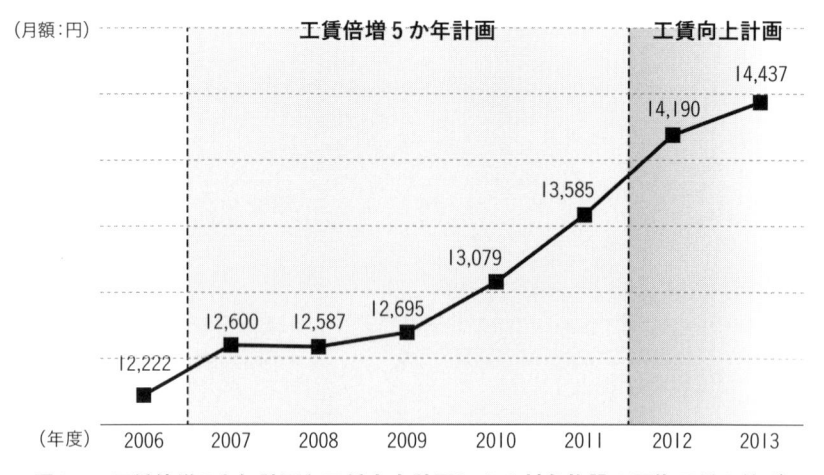

図9-1　工賃倍増5カ年計画と工賃向上計画による対象施設の平均工賃の伸び

月額工賃平均は2013年でも14,437円に過ぎず，15年前の「月給1万円では障害者は自立できませんよ」との小倉昌男の素朴な問いかけは，今も有効なままである。

（２）福祉から一般就労への移行率の低さ

1992年の授産施設制度のあり方検討委員会では，「授産施設の出発点は一般就労にむけての通過型施設としての機能であり，社会復帰できるものは社会復帰を促すとともに，施設機能に応じた適正な利用を推進する必要がある」と一般就労への移行率の低さについても指摘している。その後，14年の時間がかかったものの，通過施設の機能に特化した事業体系として，就労移行が障害者自立支援法のもと誕生した。

就労移行とは，概ね2年間の利用期限で，通常の事業所に雇用されることが可能と見込まれる者に対して，①生産活動，職場体験等の活動の機会の提供その他就労に必要な知識及び能力の向上のために必要な訓練，②求職活動に関する支援，③就職後における職場の定着のために必要な相談等の支援を行う事業である。

就労移行が誕生してから，福祉的就労から一般就労への移行数は確実に増加した。2003年度の福祉的就労から一般就労への移行数は1,288人であったが，2012年度には7,717人と約6倍に増えており，現在も移行者数は着実に増加傾向にある。ちなみに，2013年3月末に全国の特別支援学校高等部卒業生のうち一般就労した者は5,338人であり，就労移行はその数を大きく上回っている。

一方，就労移行を運営する事業所の格差も大きな問題になっている。図9-2（次頁）は，一般就労の移行率が定員の20％以上の施設と，一般就労の移行者がゼロの施設の割合を過去4年間まとめたものである。就労移行を利用し，一般就労している障害者は増えており，同時に就労移行率20％以上の事業所数も順調に増えている（2007年度21.4％→2011年度41.2％）。一方で，1年間の就労者が0人の事業所数には明確な減少傾向がない（2007年度35.7％→2011年度35.2％）。もちろん，この集計数には，当該年度に就労移行を新設し，支援の成果が出る前段階の数字も含まれる。しかし，就労移行のノウハウが不十分で，利用者を一般就労に向けて移行することができない事業所が，かなりの数存在

することは間違いない。

(3) 労働施策と福祉施策の分立

　福祉的就労の場で働く障害者は，当初より「労働者」ではなく，労働法が適用されない「訓練生」と考えられてきた。つまり，労働基準法や最低賃金法等のいわゆる労働法の対象外であった。一部，1985年創設の知的障害者福祉工場は（身体障害者福祉工場は1972年より）労働法が適用されている。「福祉的就労に労働者保護が無いことは人権上の問題である」と権利擁護の視点から福祉的就労の批判が登場したのは，日本が「ILO（国際労働機関）159号条約（職業リハビリテーションおよび雇用に関する条約）」に批准した1992年前後からである。

　その後，障害者雇用促進法の複数回の改正により，企業等で働く障害者数が飛躍的に伸び，さらに障害者自立支援法の施行に合わせ，福祉的就労の場における労働法適用の対象拡大が検討されるようになった。先に示した就労継続Aは，働く障害者を労働者とする，福祉工場の後継事業として，運営主体の規制緩和をめざして誕生した福祉的就労の体系である。

　労働法適用問題をより具体的に考えるために，2007年の労働基準局長通知の

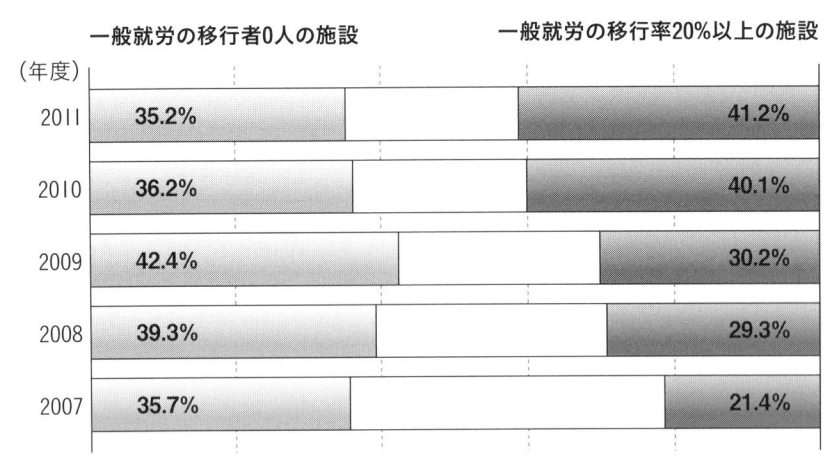

(年度)	一般就労の移行者0人の施設	一般就労の移行率20%以上の施設
2011	35.2%	41.2%
2010	36.2%	40.1%
2009	42.4%	30.2%
2008	39.3%	29.3%
2007	35.7%	21.4%

図9-2　就労移行支援事業における一般就労移行実績の比較

表9-1　労働基準局長通知による福祉的就労の場における訓練生（非労働者）と労働者の条件

> **訓練生（非労働者）**
> ○福祉的就労の場での作業が訓練等を目的とする旨が定款等で明記
> ○訓練等の計画が策定されている
> ○この訓練等の計画について福祉的就労の場と障害者（保護者）とで合意・契約締結
> ○福祉的就労の場での作業が訓練等の計画に沿って実施されている労働者
> ○所定の作業時間内であっても受注量の増加等に応じて，能率を上げるため作業は強制されない
> ○作業時間の延長や，作業日以外の日における作業指示がない
> ○欠勤，遅刻・早退に対する工賃の減額制裁がない
> ○作業量の割当，作業時間の指定，作業の遂行に関する指導命令違反に対する工賃の減額や作業品割当の停止等の制裁がない

一部を表9-1に示す。この通知では，福祉的就労の場における訓練生（非労働者）と労働者の違いが具体的に明記されている（厚生労働省，2007）。つまり，受注作業量に応じて能率アップを強要，残業の実施等を行えるのは労働者として雇用している障害者に対してである。しかし当然，月額1万円少々の工賃しか支給できない福祉的就労の施設では，最低賃金を遥かに下回る賃金であることから（もちろん最低賃金法以外の労働法にも抵触する），能率アップの強要や残業を求めることはできない。依然，多くの就労継続Bの事業所において，この分立の問題を整理できていない。

また，労働施策と福祉施策の分立については，ILO第159号条約違反に関して「授産施設における障害者が行う作業を『妥当な範囲で』，労働法の適用範囲に収めることは，きわめて重要」と見解を示しており，この妥当な範囲については，障害者の就労や雇用等の正確な実態把握とともに，福祉と労働との総合的運用が期待されている（松井・岩田，2011）。福祉的就労の事業体系の改正だけで，単純に解決できる問題ではない。

3 福祉的就労の新しい課題

(1) 職場定着支援を担う仕組み

　最近10年間,就労移行支援の設置だけでなく,障害者就業・生活支援センターやジョブコーチ事業等,様々な制度が誕生し,障害者の就職件数は伸び続けている。もちろん,企業等の社会的連帯の理念の浸透やその他労働施策,教育施策の影響も大きい。

　就職件数の増加に伴い,注目されているのは,職場定着支援の強化である。特に,職場生活と日常生活の一体的な支援が必要と考えられている,精神障害者や知的障害者の定着支援のニーズは高まっている。厚生労働省(2014)は,定着支援強化の方向性として,概ね保健福祉圏域に設置されている労働施策の障害者・就業生活支援センターを中心に,地域の福祉的就労や医療機関,さらにはハローワークや障害者職業センターが連携することを求めている。福祉施策としても,就労移行支援や各種相談窓口(相談支援事業所等)が連携し,就労者の職場定着における生活面の課題等を共有化し,チーム支援によりその効果を検証する取り組みがスタートしている。

　ただし,職場定着を議論する以前に,十分な専門性なしに,就職前のアセスメントやマッチング,初期の職場定着支援が行われ,その結果,定着支援に限りない労力が費やされる可能性も存在する。また,連携による支援を否定する者はいないが,労働施策と福祉施策等が一体的に運用できず,ネットワークづくりに多大な時間を費やし,一貫した就労支援プロセスの提供が困難な現実に直面するリスクは少なくない(小川,2013)。

(2) 労働のない福祉的就労

　福祉的就労のうち,ここ数年で利用者数が急増しているのは,就労継続Aである。2006年4月に福祉工場で働く障害者は3,531人であったのに対し,後継の事業である就労継続Aは2014年11月には44,410人と,8年半に約12.6倍に増えている。

　就労継続Aの利用者は,原則労働者であり,労働法の適用を受けている。先

に記した，福祉的就労の労働法適用問題の解決には，現行制度上，この就労継続Aの利用者の増加が最も現実的である。ところが，2014年6月13日，NHKのニュースウォッチ9において「狙われる障害者支援不正の実態が明らかに」というテーマで，一部の就労継続Aにおいて，①計画的な訓練等給付の不正受給，②生産活動の実態が存在しない事業所の存在が報道された。概要としては，福祉的就労の場に通う障害者が，生産的な労働活動を全く行わず，事業所が不正に請求した給付費等の一部を工賃として支給されているというもので，こうした例が複数存在している現状が取り上げられた。労働法適用を前提とした就労継続Aにおいて，この事業の最も根幹である「生産活動の提供」を意図的に実施しない（あるいは，ほとんど重視しない）施設が最近生まれている。「生産活動を通して社会とのつながりを持つ」という福祉的就労にとって最も重要な理念を，地域の障害保健福祉に携わる関係者はしっかり認識する必要がある。

（3）福祉的就労にアクセスするまでの支援

2005年に発達障害者支援法が施行されてから，全国の発達障害者支援センターや障害者就業・生活支援センター等において，多くの発達障害者が就労支援を主訴として相談に訪れている。きっかけは，2006年に障害者雇用促進法が改正され，精神障害者保健福祉手帳の交付を受けた人が，障害者雇用率のカウントに加えられたからである。また，長く制度の谷間と言われてきた，知的障害のない発達障害については，2011年の障害者基本法改正により，障害の定義として「身体障害，知的障害，精神障害（発達障害を含む），その他の心身の機能の障害」と記され，法律上精神障害として明記された。最近の精神障害者の就職件数の内数には，発達障害者の存在が大きいと推測される。

一方，地域で発達障害者の相談支援あるいは就労支援を行う機関からは，昨今の発達障害者固有の新たな問題があると指摘されている。最近の相談者の傾向として，「高学歴化（大学・大学院卒）」「自閉スペクトラム症が推測される」「確定診断を受けていない」といった特徴がある。そのため，診断，告知，手帳取得，障害受容，障害者雇用の許容等の一連のプロセスを就労支援担当者が行うことが増え，対象者1人に費やす労力と時間の面でも負担が増える傾向がある。これまで障害者の就労支援を担う人材は，障害者手帳の取得を前提にサー

ビスを提供してきた。しかし，最近の発達障害者の多くは，そのような就労支援のプロセスに到達する前段階にあり，踏むべきプロセスがいくつも存在する。

さらに，医療機関，ニート支援機関，生活支援担当者など，連絡調整を要する関係機関が増え，ケースマネジメントが複雑になってきている。地域の就労支援に携わる，労働・福祉・教育の各機関が連携し，自閉スペクトラム症の障害特性に配慮した，就労支援のあり方を検討する必要がある（社会福祉法人横浜やまびこの里，2013）。

4 概要

就労移行，就労継続A，就労継続Bという事業体系が誕生してから，既に9年が経過している。障害者自立支援法が障害者総合支援法に変わった現在も，この事業体系には変更がなく，多くの障害者が福祉的就労の事業所に通っている。福祉的就労については以前より，①平均工賃の低さ，②福祉から一般就労への移行率の低さ，③労働施策と福祉施策の分立といった解決できない問題が指摘されてきた。この間の制度改正と関係者の努力により，それぞれ一部ではあるが問題解決に向けて動き出しており，一定の変化が表れている。同時に，ここ数年，新たな問題もいくつか浮上している。それは，①職場定着支援を担う仕組み，②労働のない福祉的就労，③福祉的就労にアクセスするまでの支援である。

【引用・参考文献】

厚生省（授産施設制度のあり方検討委員会）(1992)．授産施設制度のあり方に関する提言．
厚生労働省 (2007)．授産施設，小規模作業所等において作業に従事する障害者に対する労働基準法第9条の適用について（基発第0517002号）．
厚生労働省 (2014)．地域の就労支援の在り方に関する研究会報告書（第2次）．地域の就労支援の在り方に関する研究会（第2次）．
松井亮輔・岩田克彦編著 (2011)．障害者の福祉的就労の現状と展望－働く権利の拡大に向けて－．中央法規．
小川 浩 (2013)．地域の就労支援の拡充と制度面の課題．職業リハビリテーション，27(1)，48-53．
小倉昌男 (1999)．経営はロマンだ！－私の履歴書・小倉昌男－．日経ビジネス人文庫．
社会福祉法人横浜やまびこの里 (2013)．就労移行支援事業所のための発達障害のある人の就労支援マニュアル（平成24年度障害者総合福祉推進事業報告書）．

著者紹介 (執筆順)

梅永雄二	(うめなが・ゆうじ)	編者・ 早稲田大学教育・総合科学学術院教授
井口修一	(いぐち・しゅういち)	独立行政法人 高齢・障害・求職者雇用支援機構 東京障害者職業センター所長
三森睦子	(みつもり・むつこ)	星槎教育研究所専務理事
市村たづ子	(いちむら・たづこ)	昭島市障害者就労支援センター クジラ センター長
村山光子	(むらやま・みつこ)	明星学苑法人本部企画部企画課長
桶谷文哲	(おけたに・ふみのり)	富山大学学生支援センター特命講師
鈴木ひみこ	(すずき・ひみこ)	元 関西学院大学総合支援センター キャンパス自立支援室 障害学生支援コーディネーター
塚田吉登	(つかだ・よしと)	社会福祉法人すいせい マネージャー
藤堂栄子	(とうどう・えいこ)	認定NPO法人エッジ会長・ 星槎大学特任教授
石井京子	(いしい・きょうこ)	一般社団法人 日本雇用環境整備機構理事長
長嶋龍平	(ながしま・りゅうへい)	元 富士ソフト企画株式会社会長
志賀利一	(しが・としかず)	独立行政法人 国立重度知的障害者総合施設 のぞみの園研究部長

監修者紹介

柘植雅義（つげ・まさよし）

　筑波大学人間系障害科学域教授。愛知教育大学大学院修士課程修了，筑波大学大学院修士課程修了，筑波大学より博士（教育学）。国立特殊教育総合研究所研究室長，カリフォルニア大学ロサンゼルス校（UCLA）客員研究員，文部科学省特別支援教育調査官，兵庫教育大学大学院教授，国立特別支援教育総合研究所上席総括研究員・教育情報部長・発達障害教育情報センター長を経て現職。主な著書に，『高等学校の特別支援教育 Q&A』（共編，金子書房，2013），『教室の中の気質と学級づくり』（翻訳，金子書房，2010），『特別支援教育』（中央公論新社，2013）『はじめての特別支援教育』（編著，有斐閣，2010），『特別支援教育の新たな展開』（勁草書房，2008），『学習障害(LD)』（中央公論新社，2002）など多数。

編著者紹介

梅永雄二（うめなが・ゆうじ）

　早稲田大学教育・総合科学学術院教授。慶應義塾大学文学部社会・心理・教育学科卒業。筑波大学大学院教育研究科障害児教育専攻修了。博士（教育学）。明星大学人文学部専任講師，同大学助教授，宇都宮大学教育学部教授を経て現職。専門は発達障害臨床心理学，職業リハビリテーション学。主な著書に，『大人のアスペルガーがわかる―他人の気持ちを想像できない人たち』（朝日新書，2015），『自立をかなえる！ライフスキルトレーニングスタートブック』（明治図書出版，2014），『自閉症スペクトラムの子を育てる家族への理解』（金子書房，2014），『こんなサポートがあれば！〈3〉LD，ADHD，アスペルガー症候群，高機能自閉症の人たち自身の声 就労支援編』（エンパワメント研究所，2012），『発達障害者の雇用支援ノート』（金剛出版，2012），『よくわかる大人のアスペルガー症候群』（主婦の友社，2010）など多数。

ハンディシリーズ 発達障害支援・特別支援教育ナビ
発達障害のある人の就労支援

2015年10月21日　初版第1刷発行　　　　　　　　　　［検印省略］
2018年 2月26日　初版第3刷発行

監修者　　柘　植　雅　義
編著者　　梅　永　雄　二
発行者　　金　子　紀　子
発行所　　株式会社　金　子　書　房

〒112-0012　東京都文京区大塚 3-3-7
TEL　03-3941-0111㈹
FAX　03-3941-0163
振替　00180-9-103376
URL　http://www.kaneshobo.co.jp

印刷／藤原印刷株式会社　製本／株式会社宮製本所
装丁・デザイン・本文レイアウト／mammoth.

© Yuji Umenaga, et al., 2015
ISBN 978-4-7608-9544-1　C3311　Printed in Japan

金子書房の発達障害・特別支援教育関連書籍

子どもの特性や持ち味を理解し、将来を見据えた支援につなぐ
発達障害のある子の自立に向けた支援
―― 小・中学生の時期に、本当に必要な支援とは？

萩原 拓 編著　　A5判・184頁　本体1,800円+税

通常学級にいる発達障害のある子どもが、将来社会に出て困らないための理解や支援のあり方を紹介。学校でできる支援、就労準備支援、思春期・青年期に必要な支援などを、発達障害支援・特別支援教育の第一線で活躍する支援者・研究者・当事者たちが執筆。好評を得た「児童心理」2013年12月号臨時増刊の書籍化。

CONTENTS
- 第1章　総論・発達障害のある子の将来の自立を見据えた支援とは
- 第2章　発達障害の基礎知識・最新情報
- 第3章　支援のために知っておきたいこと
　　　―発達障害のある成人たちの現在
- 第4章　自立に向けて学校でできる支援
- 第5章　思春期・青年期における支援の実際
- 第6章　自立・就労に向けて
- 第7章　発達障害のある子の家族の理解と支援

K 金子書房

自閉スペクトラム症のある子への性と関係性の教育
具体的なケースから考える思春期の支援

川上ちひろ 著　　A5判・144頁　本体1,800円+税

中京大学教授　辻井正次先生 推薦！

「性」の領域は、タブーや暗黙のこととされることが多く、発達障害の子どもたちにとって指導が必要な領域です。本書は、通常学級などに在籍する知的な遅れのない発達障害の子どもたちを対象に、「性」の問題を、そこにいる他者との「関係性」のなかで、どう教えていくのかについての実践的な内容が書かれています。多くの子どもたちと保護者・教師を助けてくれる1冊となるでしょう。

主な内容

第I部　思春期のASDのある子どもの性と関係性の教育について
「性と関係性の教育」とは何か／思春期を迎えたASDのある子どもの性的文脈の関係の複雑さ／従来の「性教育」「性の捉え方」からの脱却／ASDのある子どもの性と関係性に関わる問題行動について／家族や支援者の悩み・陥りやすい間違った関わりについて／ほか

第II部　具体的ケースから考える――ASDのある子どもの性と関係性の教育・支援
男女共通・どの年代でもあてはまる話題／とくに思春期の女子にあてはまる話題／とくに思春期の男子にあてはまる話題

K 金子書房

金子書房の心理検査

自閉症スペクトラム障害（ASD）アセスメントのスタンダード

自閉症スペクトラム評価のための半構造化観察検査

ADOS-2 日本語版

導入ワークショップ開催！

C. Lord, M. Rutter, P.C. DiLavore, S. Risi,
K. Gotham, S.L. Bishop, R.J. Luyster, &
W. Guthrie　原著

監修・監訳：黒田美保・稲田尚子

[価格・詳細は金子書房ホームページをご覧ください]

検査用具や質問項目を用いて、ASDの評価に関連する行動を観察するアセスメント。発話のない乳幼児から、知的な遅れのない高機能のASD成人までを対象に、年齢と言語水準別の5つのモジュールで結果を数量的に段階評価できます。DSMに対応しています。

〈写真はイメージです〉

自閉症診断のための半構造化面接ツール

ADI-R 日本語版

■対象年齢：精神年齢2歳0カ月以上

Ann Le Couteur, M.B.B.S., Catherine Lord, Ph.D., &
Michael Rutter, M.D.,F.R.S.　原著

ADI-R 日本語版研究会　監訳
[土屋賢治・黒田美保・稲田尚子　マニュアル監修]

● プロトコル・アルゴリズム
　（面接プロトコル1部、包括的アルゴリズム用紙1部）……本体 2,000円＋税
● マニュアル ……………………………………………… 本体 7,500円＋税

臨床用ワークショップも開催しております。

ASD関連の症状を評価するスクリーニング質問紙

SCQ 日本語版

■対象年齢：暦年齢4歳0カ月以上、
　精神年齢2歳0カ月以上

Michael Rutter, M.D., F.R.S., Anthony Bailey, M.D.,
Sibel Kazak Berument, Ph.D., Catherine Lord, Ph.D., &
Andrew Pickles, Ph.D.　原著

黒田美保・稲田尚子・内山登紀夫　監訳

● 検査用紙「誕生から今まで」(20名分1組) ……… 本体 5,400円＋税
● 検査用紙「現在」(20名分1組) …………………… 本体 5,400円＋税
● マニュアル ………………………………………… 本体 3,500円＋税

※上記は一定の要件を満たしている方が購入・実施できます。
　詳細は金子書房ホームページ（http://www.kanekoshobo.co.jp）でご確認ください。

K 金子書房

ハンディシリーズ
発達障害支援・特別支援教育ナビ

柘植雅義◎監修

既刊

ユニバーサルデザインの視点を活かした指導と学級づくり
柘植雅義 編著

定価 本体1,300円＋税／A5判・104ページ

発達障害の「本当の理解」とは
——医学, 心理, 教育, 当事者, それぞれの視点
市川宏伸 編著

定価 本体1,300円＋税／A5判・112ページ

これからの発達障害のアセスメント
——支援の一歩となるために
黒田美保 編著

定価 本体1,300円＋税／A5判・108ページ

発達障害のある人の就労支援
梅永雄二 編著

定価 本体1,300円＋税／A5判・104ページ

発達障害の早期発見・早期療育・親支援
本田秀夫 編著

定価 本体1,300円＋税／A5判・114ページ

学校でのICT利用による読み書き支援
——合理的配慮のための具体的な実践
近藤武夫 編著

定価 本体1,300円＋税／A5判・112ページ

発達障害のある子の社会性とコミュニケーションの支援
藤野 博 編著

定価 本体1,300円＋税／A5判・112ページ

発達障害のある大学生への支援
高橋知音 編著

定価 本体1,300円＋税／A5判・112ページ

発達障害の子を育てる親の気持ちと向き合う
中川信子 編著

定価 本体1,300円＋税／A5判・112ページ

発達障害のある子／ない子の学校適応・不登校対応
小野昌彦 編著

定価 本体1,300円＋税／A5判・112ページ

ハンディシリーズ・続刊決定！

取り上げるテーマ(予定)：発達障害と学校コンサルテーション／特別支援教育とアクティブ・ラーニング／2E教育の理解と実践／大人の発達障害／など